BEZIEHUNGSZAUBER

JOHANNES BRAHMS – WIDMUNGEN, WERKE, WEGGEFÄHRTEN

Veröffentlichungen des
Brahms-Instituts an der Musikhochschule Lübeck
herausgegeben von Wolfgang Sandberger
Band V

BEZIEHUNGSZAUBER

JOHANNES BRAHMS – WIDMUNGEN, WERKE, WEGGEFÄHRTEN

Eine Ausstellung des
Brahms-Instituts an der Musikhochschule Lübeck

Impressum

Wolfgang Sandberger und Stefan Weymar

Beziehungszauber. Johannes Brahms – Widmungen, Werke, Weggefährten

Eine Ausstellung des
Brahms-Instituts an der Musikhochschule Lübeck
29. April – 29. Oktober 2011

Öffnungszeiten:
Mittwoch 14.00–18.00 Uhr
Samstag 14.00–18.00 Uhr
sowie nach Vereinbarung

**Brahms-Institut
an der Musikhochschule Lübeck**
Jerusalemsberg 4
23568 Lübeck
Telefon: +49 (0)4 51/15 05-414
Telefax: +49 (0)4 51/15 05-423
E-Mail: brahms-institut@mh-luebeck.de
Internet: www.brahms-institut.de

Vertrieb: edition text + kritik im
Richard Boorberg Verlag GmbH & Co. KG, München
ISBN 978-3-86916-154-9

© Brahms-Institut an der Musikhochschule Lübeck 2011
Alle Rechte vorbehalten.

Konzeption, Ausstellung und Katalog:
Stefan Weymar M.A. und Prof. Dr. Wolfgang Sandberger

Leihgeber:
Prof. Sabine Meyer/Prof. Reiner Wehle, Lübeck

Abbildungsnachweis:
Bayerische Staatsbibliothek, München, S. 16
Laeiszhalle Hamburg, S. 25
Museum der bildenden Künste, Leipzig, S. 21
Universitätsbibliothek Frankfurt am Main, S. 44, 45, 50

Scans, Fotografie:
Mathias Brösicke, Lübeck, U 2, S. 6 o.l., 8–11, 13, 15, 20, 22, 25–35,
38–43, 44 o.l., 45 o.l., 46–49, 50 o.r., 51–59, 61–63, 65, 67–69,
Umschlag hinten
Tomasz Samek, Münster, S. 37, 66

Druck:
DruckVerlag Kettler, Bönen/Westfalen

Gestaltung, Satz, Fotografie:
Markus Bomholt, Münster, S. 6 außer o.l.

Inhalt

Vorwort	7
Johannes Brahms – Beziehungszauber *Wolfgang Sandberger*	9
»Brahms? Ach ja, das ist der, dem das Quartett op. 7 gewidmet ist!« – Widmungen an Johannes Brahms *Andrea Hammes*	14

Ausstellung

Johannes Brahms und Max Klinger	20
Johannes Brahms – Denkmäler	34
Brahms, Joachim und die Idee der ›ungarischen‹ Musik	38
Johannes Brahms, Johann Strauß und Hans Huber	46
Brahms und die Frauen – Beziehungszauber?	51
Widmungen – Variationen: Brahms, Reinthaler und Sinigaglia	56
Der Brahms-Freund Theodor Avé-Lallemant	60
Die Brahms-Freunde Hans von Bülow und Klaus Groth	64
Literaturverzeichnis	70
Personenregister	74
Verein zur Förderung des Brahms-Instituts Lübeck e.V.	77

Vorwort

Zum 20-jährigen Bestehen des Brahms-Instituts an der Musikhochschule Lübeck zeigen wir in der Villa Eschenburg die neue Sonderausstellung »Beziehungszauber«, die im vorliegenden Katalog dokumentiert ist. 1990 wurde mit dem Erwerb der »Sammlung Hofmann« der Grundstein für die Gründung des Brahms-Instituts gelegt, das dann am 14. Mai 1991 feierlich eröffnet wurde. Seitdem befindet sich – stets erweitert – eine der kostbarsten Sammlungen zum Komponisten und seinem Umfeld in Lübeck. Brahms könnte heute in der Villa Eschenburg in seinem eigenen Adressbuch blättern, in Briefen stöbern, mit Fotos aus seiner eigenen Sammlung »behaglich« in Erinnerungen schwelgen.

Seit dem Umzug des Instituts in die Villa Eschenburg im Sommer 2002 ist es unser Ziel, die Schätze der Sammlung einer interessierten Öffentlichkeit auch in Ausstellungen zu präsentieren: »Johannes Brahms – Zeichen, Bilder, Phantasien« war unsere erste Schau in den hervorragend restaurierten Räumlichkeiten der Villa, nachdem im Zopfstilsaal der Musikhochschule bereits mehrere kleinere Ausstellungen zu sehen waren. Im Mozart-Jahr 2006 folgte »›Ich schwelge in Mozart…‹ – Mozart im Spiegel von Brahms«, eine Schau, in der durch die schöne Kooperation mit der Gesellschaft der Musikfreunde in Wien das Autograph der großen g-Moll-Sinfonie KV 550 von Mozart in Lübeck gezeigt werden konnte! 2008 spürte das Brahms-Institut der bürgerlichen Lebenswelt des Komponisten nach (»Johannes Brahms – Ikone der bürgerlichen Lebenswelt?«). Die illuminierte Rekonstruktion seines Wiener Musikzimmers beeindruckt bis heute viele Besucher.

Auch in der neuen Ausstellung wird Brahms in vielfältige Beziehungen gestellt: zu Freunden und Kollegen aus dem unmittelbaren Umfeld, die ihrerseits ganz unterschiedlich auf Brahms' Persönlichkeit und Werk reagierten. So ergibt sich aus der Schau ein dynamisches Brahms-Bild, das durch das Ausloten des Umfelds neue, vielleicht auch überraschende Konturen erhält. Die Ausstellung lenkt den Blick besonders auf Widmungskompositionen von engen Freunden (Joseph Joachim, Clara Schumann u. a.) und verehrenden Kollegen (Johann Strauß, Hans Huber, Carl Reinthaler u. a.), Werke, in denen sich Brahms gleichsam spiegelt; und bezieht der Betrachter die einzelnen Exponate, die Büsten, Handschriften, Drucke, Fotos und Briefe auch noch aufeinander, so ergibt sich tatsächlich jener »Beziehungszauber«, der unserer Ausstellung in Anlehnung an ein Wort von Thomas Mann den Titel gegeben hat.

Vernetzt ist die Ausstellung mit unserem Forschungsprojekt »Brahms gewidmet«, das von der Possehl-Stiftung großzügig unterstützt wird. Die Doktorandin des Projekts, Andrea Hammes, hat dankenswerterweise die Einführung in diesen Teil der Ausstellung übernommen. Eng verbunden aber ist die Schau wie immer auch mit dem Brahms-Festival der Musikhochschule, das in diesem Jahr ebenfalls unter dem Motto »Brahms gewidmet« steht und erstmals auch Konzerte in der Villa Eschenburg veranstaltet. Dabei werden eben Kompositionen vorgestellt, die Brahms von wichtigen Zeitgenossen – meist »verehrungsvoll« oder »freundschaftlich« – gewidmet worden sind. Die ausgewählten Werke von Goetz, Kirchner, Reger, Reinecke, Stanford und Julius Stockhausen definieren jedenfalls das kompositorische Umfeld der »großen« Kammermusikwerke von Johannes Brahms mit, ein Umfeld, das sich jedoch in divergierenden kompositorischen Strategien zum Komponisten verhält. Auch in der engen Verbindung von Festival und Ausstellung zeigt sich das fruchtbare Zusammenspiel von künstlerischer Praxis und musikwissenschaftlicher Forschung, das den Brahms-Standort Lübeck auszeichnet.

Gedankt sei hier schließlich all denjenigen, die bei der konkreten Erarbeitung der Ausstellung und des Katalogs hilfreich gewesen sind. Dank gebührt zunächst dem Präsidium der Musikhochschule für die Möglichkeit, den Wintergarten der Villa Eschenburg in die zeitlich begrenzte Schau einbeziehen zu können; die Ausgestaltung dieser Erweiterung betreute die Innenarchitektin Henrike Becker (Lübeck). Weiterhin danken wir dem Graphiker Markus Bomholt (Münster), Mathias Brösicke (Lübeck) sowie der technischen Abteilung der Musikhochschule mit ihrem Leiter Joachim Arndt.

Lübeck, im April 2011

PROF. DR. WOLFGANG SANDBERGER **STEFAN WEYMAR M.A.**
Leiter des Brahms-Instituts Musikbibliothekar

Abb. 1: Collage mit den Brahms-Büsten der Ausstellung, Mathias Brösicke, 2011

Johannes Brahms – Beziehungszauber

Wolfgang Sandberger

Johannes Brahms hat schon die Zeitgenossen ›verzaubert‹. Der Dichter-Freund Joseph Viktor Widmann bewunderte in poetischen Worten denn auch die »ganze Erscheinung« des Komponisten: »Die löwenhaft breite Brust, die herkulischen Schultern, das mächtige Haupt, das der Spielende manchmal mit energischem Ruck zurückwarf, die gedankenvolle, schöne, wie von innerer Erleuchtung glänzende Stirn und die zwischen den blonden Wimpern ein wunderbares Feuer versprühenden germanischen Augen[,] eine künstlerische Persönlichkeit, die bis in die Fingerspitzen hinein mit genialem Fluidum geladen zu sein schien«. Die Vorstellung von Brahms als Herkules oder Jupiter der Musik ist indes nur eine Assoziation, die mit dem Komponisten verbunden ist.

Heute sehen wir Brahms anders. Dass die Frage nach dem ›eigentlichen‹ Brahms nicht leicht zu beantworten ist, zeigen bereits die ausgestellten Brahms-Büsten im Wintergarten unserer Villa Eschenburg: Wen sehen wir dort? Schon die bedeutenden Brahms-Büsten von Adolf von Hildebrand (Meiningen 1899) und Ilse Conrat (Wien 1903) halten uns jeweils eine ganz eigene Brahms-Deutung vor Augen: Hildebrands »Brahms« öffnet sich dem Betrachter, während die Bildhauerin Conrat den Komponisten im Typus des introvertierten »Denkers« portraitierte. Beide Büsten stehen – flankiert von weiteren, künstlerisch ambitionierten Brahms-Darstellungen (von Viktor Tilgner, Rudolf Küchler, Milan Knobloch und Arno Breker) – in einer engen Beziehung zu dem monumentalen Denkmal von Max Klinger, das durch ein Transparent imaginiert wird. Klingers Original in der Laeiszhalle in Hamburg zeigt einen hochaufragenden Brahms, von Musen und Genien umwebt, einen Menschen, der – wenngleich aus Sevarezza-Marmor – ins Überirdische hinauszuwachsen scheint. Einen wiederum ganz anderen Brahms präsentiert der seinerzeit mit Klinger ›konkurrierende‹ Entwurf für das Hamburger Brahms-Denkmal von Reinhold Felderhoff – ein Herzstück unserer Sammlung: Felderhoff zeigt sitzend einen schlichten, bürgerlichen Brahms, der mit der allegorischen Künstlerapotheose Klingers eigentümlich kontrastiert (vgl. S. 37).

Abb. 2: Blick in die Ausstellung

Jede dieser Darstellungen kann gleichsam als Mosaikstein zu jenem großen Brahms-Bild verstanden werden, das im Laufe der Geschichte im wahrsten Sinne des Wortes ›entwickelt‹ wurde: durch die realen Fotografien, Bilder und Denkmäler einerseits, andererseits aber auch durch die ›Bilder‹ der Biographen und Brahms-Deutungen in der musikwissenschaftlichen Forschung. Weitere, auf den ersten Blick vielleicht unscheinbarere Konturen erhält dieses Brahms-Bild in unserer Schau nun konkret dadurch, dass es in vielfältige Beziehungen gestellt wird: zu Freunden und Kollegen aus dem unmittelbaren Umfeld, die ihrerseits ganz unterschiedlich auf Brahms' Persönlichkeit und Werk rea-

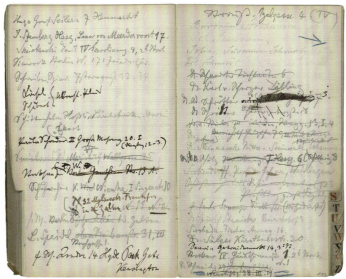

Abb. 3: Adressen-Buch von Brahms, aufgeschlagen Buchstabe S mit der Adresse des Walzerkönigs Johann »Strauß. Igelgasse 4«, Wien, IV. Bezirk (rechts oben)

gierten. Die Ausstellung lenkt den Blick dabei besonders auf Widmungskompositionen von engsten Freunden (Joseph Joachim, Clara Schumann u. a.) und verehrenden Kollegen (Johann Strauß, Hans von Bülow u. a.), Werke, in denen sich Brahms gleichsam spiegelt. Und bezieht der Betrachter die einzelnen Exponate, die Büsten, Handschriften, Drucke, Fotos und Briefe auch noch aufeinander, so ergibt sich tatsächlich jener »Beziehungszauber«, der unserer Ausstellung in Anlehnung an ein Wort von Thomas Mann den Titel gegeben hat.

Das Brahms-Denkmal von Klinger ist aus dieser Perspektive dann auch nur der Endpunkt eines künstlerischen Dialogs, den Jan Brachmann als Sehnsucht nach einer »elitären Utopie« interpretierte. Vorausgegangen waren diesem posthumen Denkmal nämlich die stets aufs Neue faszinierenden Zeichnungen und Radierungen der »Brahms-Phantasie« von Klinger, für die sich der Komponist seinerseits mit der Widmung der *Vier ernsten Gesänge* op. 121 bedankte.

Netzwerk Brahms

Auf der rein biographischen Ebene lassen sich die vielfältigen Beziehungen von Brahms ebenso nüchtern wie zeitgemäß als »Netzwerk« bezeichnen. Erste Einblicke in dieses Netzwerk des Komponisten vermittelt das in unserer Schau digital aufbereitete, kostbare Adressbuch, das Brahms seit den 1870er Jahren benutzte. Wer in dem abgegriffenen Bändchen virtuell ›blättert‹, stößt auf viele prominente Namen aus Brahms' Bekannten- und Freundeskreis: Max Bruch, Antonín Dvořák oder auch Johann Strauß. Das Büchlein ist alphabetisch teils nach Namen, teils nach Orten angelegt; so finden sich unter dem Buchstaben H etwa Namen wie Franz von Holbein oder die Familie Herzogenberg, aber auch Hamburgische Adressaten wie der befreundete Dirigent Julius Spengel oder der Eintrag »G. Mahler Parkallee 12«.

Freilich verweisen nur wenige der im Adressbuch verzeichneten Namen auf enge freundschaftliche Beziehungen. Das Büchlein dokumentiert in erster Linie Alltagsbekanntschaften, Geschäfts- und Briefpartner, Kontaktadressen in anderen Städten, Personen des alltäglichen Umgangs eben. Brahms war bei persönlichen Bindungen wählerisch und zurückhaltend. Eugenie, die jüngste Tochter von Robert und Clara Schumann, berichtet 1925 in ihren Erinnerungen an Brahms: ›Trotzdem er Menschen liebte, ja sie suchte, wehrte er sich gegen sie, wenn sie ihn suchten. Er gab gerne, aber Ansprüche, Erwartungen stieß er zurück. Er war wählerisch im Umgang, und wenige genügten ihm. Ja, in den letzten Jahren seines Lebens sagte er einmal sehr heftig: ›Ich habe keine Freunde! Wenn irgend jemand sagt, er sei mit mir befreundet, so glauben Sie es nicht‹«.

Die Vorstellung vom spröden, einsamen Junggesellen ist heute indes so zu einem Klischee des populären Brahms-Bildes verkommen, dass es in Teilen zumindest revidiert werden muss. Fraglos war Brahms eine egozentrische Persönlichkeit, doch unterschied er sich darin nicht von Kollegen wie Franz Liszt, Richard Wagner, Anton Bruckner oder Gustav Mahler. Der eigenwillige Charakter zog Menschen durchaus an. Zu denen, die sich angezogen fühlten, zählten markante Musikerpersönlichkeiten wie die frühen Freunde Clara und Robert Schumann, Joseph Joachim, Albert Dietrich oder Julius Otto Grimm.

Exemplarisch zeigt die Verbindung mit dem Geiger Joachim, wie intensiv eine ›Künstlerfreundschaft‹ mit Brahms sein konnte (vgl. S. 38). Schon Mitte der 1850er Jahre schaute man sich gewissermaßen über die Komponistenschulter. Die je eigene Begabung der beiden Freunde brachte Brahms

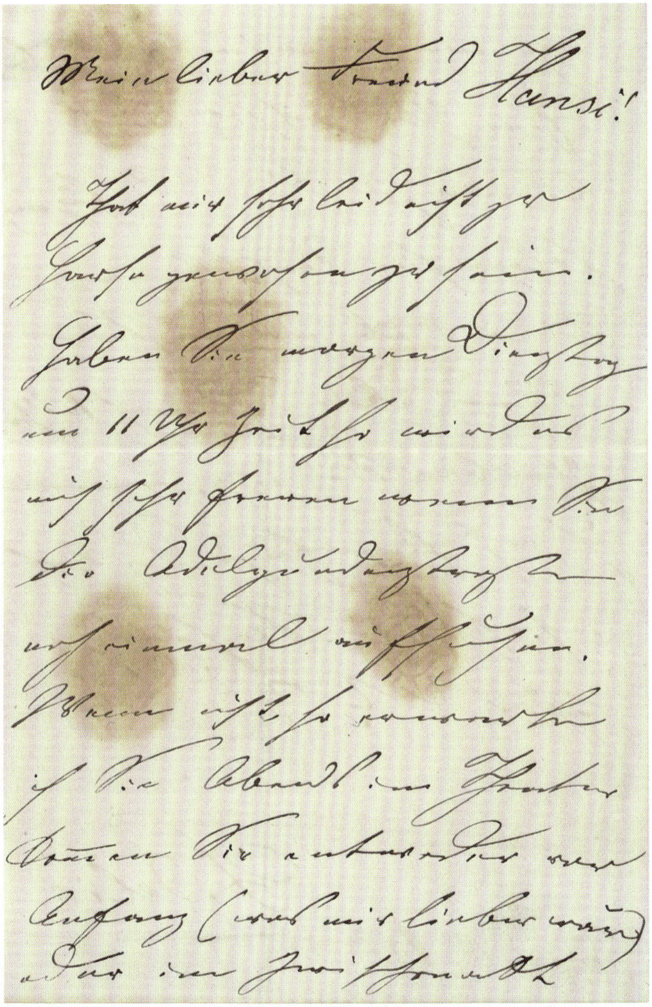

Abb. 4: Louise Dustmann: Brief an Johannes Brahms, Baden bei Wien, ca. 1866, Seite 1

ganz sinnig und sanft mit durch das Orgelpunkt-Gebüsch gegangen. Immer Dich zur Seite, und ein besseres Vergnügen habe ich nun einmal nicht, als wenn ich an Deiner Seite sitze oder, wie diesmal, spazieren gehe«.

Freilich hatte Brahms auch zu anderen Frauen freundschaftliche Beziehungen, wie wir in einer Abteilung der Schau dokumentieren (vgl. S. 51). Zu den Frauen im Umkreis von Brahms gehören immer wieder auch Künstlerinnen wie die beiden renommierten Sopranistinnen Marie Wilt (1833–1891) und Louise Dustmann-Meyer (1831–1899) sowie die eine Generation jüngere, italienische Mezzosopranistin Alice Barbi (1862–1948). Zu Louise Dustmann hatte Brahms zeitweise einen sehr engen Kontakt, wie nicht zuletzt ein Brief von etwa 1866 aus unserer Sammlung zeigt (vgl. Abb. 4): »Mein lieber Freund Hansi« lautet die intime Anrede der Sängerin, die Brahms in ihre Garderobe bittet und beziehungsreich mit »Fidelio« unterzeichnet hat, also mit der Titelpartie der gleichnamigen Beethoven-Oper.

Zu Brahms' beruflichem Netzwerk gehörten weiterhin Dirigenten wie Hermann Levi, Otto Dessoff, Hans von Bülow und Hans Richter oder Komponisten, Chorleiter, Musiker und Sänger wie Carl Georg Peter Grädener, Theodor Kirchner, Bernhard Scholz, Carl Reinthaler, Ernst Frank, Ignaz Brüll, Julius Spengel, Ernst Rudorff, Heinrich und Elisabeth von Herzogenberg, Johann Strauß und Julius Stockhausen: Beziehungen, die in der Ausstellung auf vielfältige Weise dokumentiert sind – so zeigen wir etwa das kostbare, erst jüngst erworbene Autograph der ersten vier Chorlieder aus den *Sieben Lieder für gemischten Chor* op. 62, das Brahms »seinem Freund Carl Reinthaler (auf Verlangen!)« zugeeignet hat, wie er mit Augenzwinkern formulierte (vgl. S. 56f.).

später mit der Konzeption seines *Violinkonzerts* op. 77 eindrucksvoll zusammen, das Joachim auch gewidmet ist.

Clara Schumann war die zentrale Frauengestalt in Brahms' Leben; die musikalische Beziehung spiegelt sich in der Ausstellung in zwei Werken, die sich die beiden gegenseitig gewidmet haben: In der *Klaviersonate* op. 2, die der gut 20-Jährige noch sehr respektvoll »Frau Clara Schumann verehrend zugeeignet« hat, sowie in den drei *Romanzen* op. 21, mit deren Dedikation an Brahms sich Clara Schumann alsbald revanchierte. Auch wenn diese lebenslange Freundschaft durchaus auch ihre Krisen zu bewältigen hatte, so zeigt sich der Zauber dieser Beziehung noch in späten Jahren, wenn Brahms in einem poetischen Brief 1889 schreibt: »Es ist mir [ein] gar zu schöner und freundlicher Gedanke, wie meine D moll-Sonate unter Deinen Fingern sanft und träumerisch spazieren geht. Ich habe sie wirklich aufs Pult gelegt und bin

Zur biographischen Lebenswelt von Brahms gehörten schließlich aber auch Ärzte (Theodor Billroth und Theodor Engelmann), Fabrikanten (Arthur und Bertha Faber, Viktor Miller zu Aichholz, Richard und Maria Fellinger), Bankiers (Rudolf von der Leyen), Weingutsbesitzer (Rudolf von Beckerath), Verleger (Fritz Simrock, Melchior Rieter), Maler (Anselm Feuerbach, Max Klinger), Dichter (Klaus Groth, Josef Viktor Widmann) und zahlreiche Gelehrte (Eduard

Hanslick, Philipp Spitta, Carl Ferdinand Pohl, Gustav Nottebohm, Friedrich Chrysander, Gustav Wendt, Eusebius Mandyczewski). So individuell die Beziehung von Brahms zu diesen Personen jeweils auch war: Festzuhalten bleibt, dass aus seiner Biographie weitaus mehr Freundschaften bzw. freundschaftliche Beziehungen bekannt sind als von manch anderem Komponisten. Eine besondere Rolle spielte in diesen vielfältigen Beziehungen natürlich immer wieder die Musik – die allerdings auch Anlass zu Irritationen sein konnte.

Beziehungsfrust
»Allerdings muß man guten Willen und einiges Talent zur Freundschaft besitzen«, meinte der Hofkapellmeister Otto Dessoff in einem Brief an Brahms, dessen *1. Sinfonie* er 1876 in Karlsruhe aus der Taufe gehoben hatte. Zugleich beschwerte er sich in diesem Brief darüber, dass Brahms »einen Freund, der ihm von Herzen zugethan« sei, so lange auf Antwort warten ließ – um ihn dann nur durch einige lakonische und kritische Bemerkungen zu eingesandten Kompositionen zu verletzen. Berührt ist damit jener neuralgische Punkt, der im Verhältnis von Brahms zu seinen Musiker-Freunden immer wieder eine Rolle spielte: das eigene Schaffen der Freunde nämlich, die oft keineswegs ohne Ehrgeiz komponierten, wie die Beispiele Dietrich, Joachim, Grimm, Kirchner oder Herzogenberg zeigen. »Was wird er dazu sagen« – das haben sich viele komponierende Brahms-Freunde gefragt; Herzogenberg hat es ganz offen ausgesprochen: »Lieber verehrter Freund!« – schreibt er an Brahms kurz vor dessen Tod – »Zwei Dinge kann ich mir nicht abgewöhnen: Daß ich immer komponiere, und daß ich dabei ganz wie vor 34 Jahren mich frage, ›was wird Er dazu sagen?‹ ›Er‹, das sind nämlich Sie«.

Brahms war für viele seiner Freunde ganz sicher ein kompositorischer Übervater. Wenn ihm etwas nicht gefiel, sagte er es ohne Umschweife. Herzogenberg riet er etwa, im Finale seiner *Violoncellosonate* op. 52 einfach die ersten beiden Seiten wegzulassen – ein niederschmetternder Vorschlag, wie aus der resignativen Antwort Herzogenbergs hervorgeht: »Für Sie ist doch alles, was unsereiner schreibt, wirklich ehrlicher Schmarrn; da kommt's mir auf diese paar Takte nicht an, wenn Sie nur im übrigen freundlich und menschlich zu uns sind!« Herzogenberg hat an seiner Verehrung festgehalten, wie die Widmung seines letztes Kammermusikwerks, des *Klavierquartetts* op. 95 an Brahms zeigt. Solchen Werkdedikationen widmet die Ausstellung ein ganz besonderes Augenmerk.

Widmungszauber
Brahms hat bis zum letzten noch zu Lebzeiten gedruckten Werk, den Max Klinger gewidmeten *Vier ernsten Gesängen* op. 121, daran festgehalten, Veröffentlichungen mit einer Widmung zu versehen, auch wenn insgesamt weniger als die Hälfte seiner Werke eine offizielle Dedikation aufweisen. Etlichen schriftlichen Äußerungen ist immerhin zu entnehmen, dass Brahms diesem Usus große Bedeutung beilegte. So schrieb er an Ernst Rudorff 1869: »Unter allen Umständen scheint mir nun die Widmung eines Werkes das ehrenvollste und freundlichste Geschenk, das gegeben und empfangen werden kann«, und an Carl Reinthaler 1870: »Mir sind Zueignungen von Geistesprodukten immer etwas Ernstes«.

Abgesehen von den *Volksliedern* WoO 34 (der Wiener Singakademie gewidmet) und dem *Tafellied* op. 93b (»den Freunden in Krefeld«) hat Brahms seine Werke nur Einzelpersonen dediziert – mit wenigen Ausnahmen handelt es sich dabei um unmittelbare Freunde und Bekannte aus dem persönlichen Umfeld. Vergleichbar ist dies mit den Gepflogenheiten Robert Schumanns, dessen Widmungen sich ebenfalls in der Mehrzahl an Freunde, Kollegen und Bekannte richteten, die über eine direkte Beziehung zu seiner Musik verfügten. Signifikanter indes ist der Vergleich mit Bruckner, der in der Tradition der devoten Widmungsgeste seine Werke vielfach hohen geistlichen und hohen politischen Persönlichkeiten zueignete – was Brahms nur in Ausnahmefällen tat wie etwa dem op. 34/op. 34bis (gewidmet Prinzessin Anna von Hessen), dem *Triumphlied* op. 55 (mit Widmung an Kaiser Wilhelm I.) oder den *Fest- und Gedenksprüchen* op. 109 (Carl Petersen, dem Bürgermeister Hamburgs gewidmet).

Hinzu kommen die persönlichen, handschriftlichen Widmungsexemplare, die Autographe oder Albumblätter. Die meisten handschriftlichen Widmungen erhielt – neben den gedruckten Widmungen von op. 2 und op. 9 – Clara Schumann. Zwischen den ›offiziellen‹ Dedikationen und diesen gleichsam ›privaten‹ ist zu unterscheiden. So trägt zwar die autographe Partitur der *Klarinettensonaten* op. 120 eine Widmung an den Klarinettisten Richard Mühlfeld (»dem

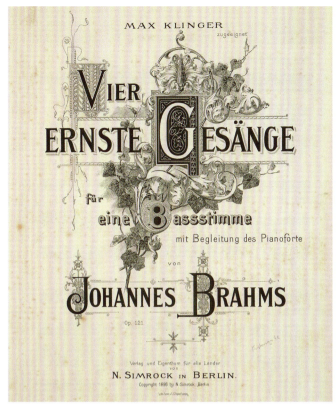

Abb. 5: Titelseite der Vier ernsten Gesänge *op. 121 von Brahms mit Zueignung an Max Klinger*

Meister seines schönen Instrumentes in herzlich dankbarer Erinnerung«), aber Brahms hat diese Widmung – anders als in der Literatur häufig kolportiert – gerade nicht öffentlich gemacht. Die späten Kammermusikwerke besitzen generell keine Widmungen mehr, allein die *3. Violinsonate* op. 108 eignete er »seinem Freunde Hans von Bülow« zu, der sich am 24. Mai 1889 brieflich für die »Standeserhöhung« bedankte. Brahms zielte mit dieser Widmung auf eine »späte Versöhnung« der durch mehrere Auseinandersetzungen langjährig gelähmten Freundschaft.

Die gedruckten Widmungen verweisen indes nicht nur auf eine persönliche Dimension, sondern tangieren einen vielfältigen ›Beziehungszauber‹, in den das jeweilige Werk und die Widmungsformulierung einzubeziehen sind – schließlich auch die Öffentlichkeit, die an all dem durch die Drucklegung teilhat. Die Zueignungen von Brahms besitzen als ›Paratexte‹ ganz unterschiedliche Implikationen: Geradezu als hermeneutischer Schlüssel im Sinne einer biographischen Interpretation ist die Widmung der *Variationen über ein Thema von Robert Schumann* op. 9 zu verstehen, Variationen, die nicht nur Clara Schumann dediziert wurden, sondern Ende 1854 in Leipzig bei Breitkopf & Härtel zusammen mit Variationen von Clara über dasselbe Thema erschienen sind. Auch andere Widmungen verweisen über den äußeren Anlass hinaus, wie etwa die Zueignung der *Vier ernsten Gesänge* an Klinger, die keineswegs nur auf den Tod von Klingers Vater zu beziehen ist. Brahms knüpfte hier nämlich auf subtile Weise an die Widmung der 1894 erschienenen *Brahms-Phantasie* Klingers an.

Wie wichtig Brahms in Einzelfällen die Verknüpfung von Werk und Widmungsträger war, belegt die Tatsache, dass er sogar nicht davor zurückschreckte, bereits angedeutete Dedikationen wieder zurückzuziehen. So war als Widmungsträgerin der *Vier Balladen und Romanzen* op. 75 ursprünglich Elisabeth von Herzogenberg vorgesehen, doch Brahms schrieb am 12. September 1878 an seinen Verleger Fritz Simrock: »Es kommt wohl nicht zu spät und geniert Sie nicht, wenn ich Sie bitte, die Widmung der Balladen zu streichen und dafür zu setzen: Seinem Freunde Julius Allgeyer zugeeignet. Nr. 1 [Edward] und 4 [Walpurgisnacht] sind zu schauderhaft, Nr. 2 [Guter Rat] und 3 [So laß uns wandern!] zu liederlich für eine Dame«. Dass Brahms aber dennoch etwas ›Passendes‹ für Elisabeth von Herzogenberg fand, zeigt die Widmung der beiden *Rhapsodien* op. 79, Werke, zu denen sich die Widmungsträgerin dezidiert geäußert hatte. Auch im Falle der *Motetten* op. 74 hat Brahms mit dem erstaunlichen Gedanken gespielt, die bereits ausgesprochene bzw. in Erwägung gezogene Widmung an den Bach-Forscher Philipp Spitta rückgängig zu machen. So schrieb der skrupulöse Brahms an seinen Verleger Simrock: »Widme ich dem Musikgelehrten und Bachbiographen Motetten, so sieht es aus, als ob ich Besonderes, Mustergültiges in dem Genre machen zu können glaubte, usw. usw.«.

Festzuhalten ist schließlich, dass es auch selbstbezügliche ›Widmungen‹ bei Brahms gibt. So betont Kalbeck, Brahms habe – trotz der offiziellen Widmung an Klinger – mehrfach hervorgehoben, die *Vier ernsten Gesänge* »sich und nur sich« zum Geburtstage geschenkt zu haben (zum 7. Mai 1896), eine selbstbezügliche ›Dedikation‹, die ähnlich schon bei den ebenfalls sehr emotional besetzten Schack-Liedern *Herbstgefühl* op. 48 Nr. 7 sowie *Abenddämmerung* op. 49 Nr. 5 begegnet.

»Brahms? Ach ja, das ist der, dem das Quartett op. 7 gewidmet ist!« – Widmungen an Johannes Brahms

Andrea Hammes

Widmungen sind kein neues Phänomen des 19. Jahrhunderts. Schon seit den Anfängen des Musikdrucks, ja seit dem ersten bekannten Druck polyphoner Musik überhaupt sind sie ein fester Bestandteil der Werkveröffentlichungen. Im Vordergrund steht zunächst das System des Mäzenatentums: Hauptsächlich werden die Kompositionen reichen Gönnern zugeeignet, die sich für die ihnen erwiesene Ehre entsprechend erkenntlich zeigen – finanziell und ideell. Ein wichtiges Motiv ist die erhoffte Hilfe bei der Finanzierung des Drucks, was erklärt, warum der Aussteller einer Dedikation nicht unbedingt der Komponist des entsprechenden Werkes sein muss. Das Recht zur Widmung liegt normalerweise bei dem finanziell Verantwortlichen der Veröffentlichung. Dies kann neben dem Komponisten z. B. auch der Verleger sein, der das Risiko eines Verlustgeschäftes übernimmt. So auch im Fall des ersten Bandes des *Harmonice musices odhecaton* von 1501, des zeitlich frühesten Drucks polyphoner Musik. Ihm ist ein Widmungsbrief des Verlegers Ottaviano Petrucci an den venezianischen Patrizier Girolamo Donato beigefügt, der den Druck finanziell ermöglicht hatte.

Im Laufe des 18. Jahrhunderts beginnt sich die Praxis der Widmung an reiche Gönner fundamental zu wandeln. Dies ist freilich ein fließender Übergang, der eng zusammenhängt mit den sozialen und gesellschaftlichen Umwälzungen der Epoche: Die Entstehung einer neuen Bürgerlichkeit, die sich vor allem über Bildung definiert, wirkt auch auf das Phänomen Widmung. Der finanzielle Aspekt verschwindet mit der Verbürgerlichung des Musiklebens und der damit verbundenen zunehmenden Unabhängigkeit der Komponisten vom Hof immer mehr. Allerdings spielt er als bekannte Konvention bei der Zueignung gerade an Adlige noch bis ins 19. Jahrhundert eine nicht zu unterschätzende Rolle. Richard Wagner widmete seinen *Ring des Nibelungen* dementsprechend eben nicht dem Großherzog Friedrich I. von Baden – gerade aus Angst, durch eine mit Konventionen belastete Geste nicht intendierte finanzielle Erwartungen auszudrücken. Im Vorwort des Druckes hatte er nämlich festgestellt, eine Aufführung sei nur mit Unterstützung des Herrschers zu bewältigen: »Eine wirkliche Widmung des Werkes an den Herrn Grossherzog war daher aus dem Grunde unmöglich, weil durch eine solche das notwendig allgemein Gefasste meiner Andeutung zu einer speziellen Aufforderung an Seine Königliche Hoheit sich gestaltet hätte, und hierdurch der Entschliessung des Herrn Grossherzog ungeziemend präjudiziert worden wäre.«

Keine zehn Jahre später dagegen erwartete Brahms für die Widmung seines *Triumphliedes* op. 55 an Kaiser Wilhelm I. offensichtlich gar keine finanzielle Entlohnung mehr, wie der erste Brahms-Biograph Kalbeck bemerkt: »Der kaiserliche Dank war ohne Zweifel in den Augen des glühenden Patrioten die würdigste und ehrenvollste Beantwortung seines einfachen Briefes.«

Die Widmung im 19. Jahrhundert

Obwohl die Zueignung an Adlige zunehmend verschwindet, bleibt auch im 19. Jahrhundert eines ihrer traditionellen Merkmale bestehen: Die Kommunikation zwischen Widmendem und Adressat folgt einem relativ festgelegten Ablauf. Gerade Brahms wirkt in der Befolgung des ›Kommunikationsmodells‹ zuweilen fast pedantisch: Einem Brief mit der Bitte um Erlaubnis, ein bestimmtes Werk dedizieren zu dürfen, folgt die Bestätigung durch den Adressaten. Daraufhin wird die Komposition gedruckt und dem Adressaten zugesandt, dieser revanchiert sich wiederum mit einem Dankesbrief. Der Vorgang betrifft allerdings nur gedruckte Zueignungstexte – handschriftliche Widmungen sind von Brahms und seinen Zeitgenossen offenbar weniger als Widmung denn als mehr oder weniger zufälliges, persönliches Geschenk betrachtet worden. Bezeichnenderweise findet sich auch auf der von Brahms eigenhändig geführten Liste der ihm dedizierten Werke keine der unzähligen »privaten« Zueignungen, die auf Autographen, Drucken oder Albumblättern handschriftlich eingetragen wurden. Immerhin konnte eine solche Aufmerksamkeit sogar der Empfänger

Abb. 1: Brahms überarbeitet Stockhausen: die ersten Takte von »Die Wellen blinken« (Julius Stockhausen) und »Es liebt sich so lieblich im Lenze« (Johannes Brahms, op. 71 Nr. 1) im Vergleich

selbst einfordern. Ironisch thematisiert Brahms dies auf einem Autograph der *Sieben Lieder* op. 62: »Seinem Freunde Carl Reinthaler (auf Verlangen!)« lautet der Widmungstext. Im Gegensatz zu diesen ›Gelegenheitsprodukten‹ zeugt der Entschluss, ein Werk im Druck zuzueignen, von gründlicher Überlegung und Reflexion – wird doch eine bestimmte Komposition in den Augen der Rezipienten auf immer mit dem Namen des Adressaten verbunden. Letzten Endes handelt es sich sogar um eine der Öffentlichkeit mitgeteilte symbolische Übereignung eines Inhaltes. Immer wieder bezeichnet Brahms in der Korrespondenz die ihm zugeeigneten Kompositionen gar als »seine« Werke.

»Egoismus«? – die Widmung an Kollegen

Da der Briefwechsel anlässlich einer Widmung an Brahms oft (nahezu) vollständig überliefert ist, ermöglicht er einen spannenden Einblick in die Beweggründe für die Widmungen und die Reaktionen von Brahms auf die von ihm sehr geschätzte Ehre. Denn: So vielfältig die Beweggründe für eine Widmung sein können, so vielfältig ist auch der durch die Dedikationen entfaltete ›Beziehungszauber‹, der sich vor allem in der erhaltenen Korrespondenz zum Widmungsablauf spiegelt. Neben den Widmungen von Freunden, Kollegen und Gleichgesinnten erhielt Brahms – wie viele andere prominente Komponisten auch – besonders von jungen ambitionierten Kollegen Werke zugeeignet. Wie Robert Schumann in seinem Tagebuch formulierte, erhofften diese sich aus »Egoismus« vielfältige Vorteile. Weiter heißt es: »[…] wenn ein junger Künstler überhaupt an Meister Compositionen schikt, so will er doch eigentlich nichts, als gelobt seyn oder – seine Handschrift.« Nichtsdestotrotz gibt es natürlich mehr Gründe, einem bekannteren Kollegen eine Komposition zu widmen. Neben dem erwähnten Lob und der Hoffnung auf eine autographe Antwort spielen vor allem praktische Überlegungen wie der Wunsch nach einer Verlagsempfehlung eine Rolle. Aber auch indirekte Vorteile, wie der der Werbung durch den Namen eines berühmten Widmungsträgers, sind mit einkalkuliert.

Brahms war durchaus bereit, jungen Kollegen zu helfen, egal ob durch die Mitwirkung in Preiskomitees, die Gutachtertätigkeit für Stipendien oder die Empfehlung junger Komponisten an einen Verlag. Allein sechzehn junge Künstler, die ihm ein Werk widmeten, empfahl er seinem Verleger Fritz Simrock zur Drucklegung. Der bekannteste unter ihnen ist Antonín Dvořák, den er anlässlich der Widmung des *Streichquartettes* d-Moll op. 34 gegenüber Simrock nachdrücklich lobte: »Das Beste, was ein Musiker haben muß, hat Dvořák, und ist auch in seinen Stücken.«

Keineswegs ließ er sich aber dazu verleiten, ein ihm zur Widmung angebotenes Werk bei schlechter Qualität zu empfehlen. Wilhelm Puchtlers *Große Etüden* hielt er 1877 ganz offensichtlich für zu schlecht, gar »hässlich«, »horrend schwer und unpraktisch. […] Sie interessieren möglicherweise die Zukünftler – er sollte sie Liszt widmen.« Die unangenehme Aufgabe der Absage schob er allerdings geschickt Simrock zu, den er immerhin bat, »bitte, schreiben Sie höflich, fragen

Sie vielleicht erst nach allerlei.« Simrock erfüllte Brahms den Wunsch, machte aber nachdrücklich deutlich, wie schwer ihm die Aufgabe gefallen sei: er lasse sich »schon lieber vier Backenzähne ausreißen«, als noch einmal eine solche Aufgabe zu übernehmen! Die Absage der Drucklegung ist gleichzusetzen mit der Verweigerung der erhofften Entlohnung, ja, indirekt mit der Verweigerung der Widmungserlaubnis. Konsequenterweise unterblieb deswegen auch die offizielle Zueignung an Brahms.

»Ich will nicht erst loben« – Reaktionen auf die Widmungswerke

Wie subtil die Kommunikation anlässlich einer Widmung verlaufen konnte, zeigt das Beispiel des Sängers Julius Stockhausen, den Brahms als Interpreten seiner Werke sehr schätzte. Stockhausen widmete Brahms seine 1871 erschienenen *Vier Gesänge* – als guter Freund des Komponisten tat er dies, ohne vorher um Erlaubnis gebeten zu haben. Im Bewusstsein, mit einer Konvention gebrochen zu haben, entschuldigte er sich anlässlich der Übersendung des gedruckten Widmungswerkes allerdings vielmals: »Verzeih' mir die Sünde, geliebter Meister; es wird wohl die einzige sein.« Diese Widmung ist von Bewunderung und Verehrung geprägt, gleichwertig fühlte sich Stockhausen dem »geliebten Meister« auf kompositorischer Ebene nicht. Diese Einschätzung teilte wohl auch Brahms, wenn er dies auch nicht direkt äußerte. Schon vor der Widmung hatte Brahms die Bewertung der ihm vorgelegten Lieder vermieden, auch im Dankesbrief lobte er diplomatisch lieber den Sänger Stockhausen, als direkt auf die Kompositionen einzugehen: »Ich will nicht erst loben; denn darin habe ich einen blöden Ruf und werde immer missverstanden. Aber bei Liedern von Dir hört man sie im Geist doch stets von Dir auch singen –, und da ist man schwach«.

Es blieb aber nicht bei dieser neutralen Dankesbezeugung: Im April 1877 griff Brahms die Dedikation nochmals auf. Der Sohn Stockhausens, dessen Pate Brahms war, wurde getauft. Anlässlich des Festes erinnerte sich Brahms an die Widmung und präsentierte das dritte Lied der Sammlung als »Wiegenlied für Klein u. Groß frei nach H.[einrich] H.[eine] und Jul. St.« in einer überarbeiteten Fassung als Taufgeschenk: »Morgen seid Ihr gewiß guter Laune u. du nimmst auch einen schlechten Witz nicht übel. Aber ich finde kein Wiegenlied für kleine – u. keine Melodie zu einem

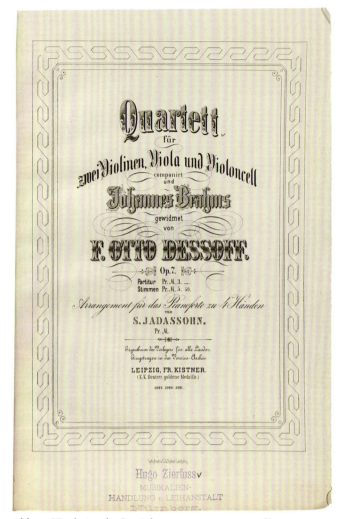

Abb. 2: Titelseite des Streichquartetts op. 7 von Otto Dessoff mit Widmung an Brahms, München, Bayerische Staatsbibliothek, 4 Mus. pr. 18188

für große Kinder. – Nehme ich wo ich finde u. Du siehst daß auch gar Deine Musik fortzeugt!« Indirekt ist nun in der eng an der Vorlage gehaltenen Bearbeitung (vgl. Abb. 1) das Brahmssche Urteil über das ihm zugeeignete Werk herauszulesen: Dem »schlechten Witz« und einer gewiss auch ironisch verstandenen ›Verbesserung‹ des Widmungswerkes verdanken wir Brahms' *Es liebt sich so lieblich im Lenze* op. 71,1!

Nicht immer aber war Brahms so zurückhaltend in seinem Urteil wie im Falle Stockhausens. Differenziert betrachtete er die ihm zugesandten Werke, lobte und kritisierte gleichermaßen und oft im selben Satz. Robert Fuchs oder Antonín

Dvořák riet er beispielsweise zur Überarbeitung der Kompositionen, Verbesserungsvorschläge sandte er mit. Auch, um den eigenen Namen nicht mit Werken schlechter Qualität verbunden zu wissen? Die erwiesene Ehre der Widmung, die Brahms nachweislich sehr schätzte, schützte die Werke und ihre Komponisten also nicht vor teils mit spitzer Feder verfassten Anmerkungen und süffisanter Kritik. Diese reicht von freundlichem Spott gegenüber Otto Dessoff – »die Schläge kriegen wir dann auch gemeinschaftlich wenn die Leute es zu kindlich finden« – über Julius Otto Grimms »kanonischen Dauerlauf«, dem die »Zivilehe zwischen Baß und Sopran« fehle, bis hin zu einer Rechnung voller Ironie, die Brahms in einem Brief an Simrock präsentiert. Gerichtet ist sie an Anna von Dobjansky, eine junge Russin, deren ihm gewidmete *Nocturnes* er offensichtlich für die Drucklegung stark überarbeitet hatte:

»Etwa so: Eine frische Modulation,
pro Tonart 3 pf. (also von C-Es über F-B = 12 pf.)
Einen neuen Baß zur Melodie = 1 ½ sgr.
Schwärmerischen Schluß à 4 Takt = 5 sgr.
Einen Mittelsatz geflickt = 2 ½ sgr.
Ganz neuen Mittelsatz gefertigt = 15 sgr.«

»Reminiszenzen« – Bezüge zwischen Widmungswerk und Adressat

Hält man sich die verschiedenen Widmungsgründe, die differenzierten Reaktionen des Adressaten und den hohen ideellen Wert der Dedikationen vor Augen, verwundert es kaum, dass in den allermeisten Fällen ein direkter oder mittelbarer Bezug zwischen Widmungswerk und Adressaten gegeben ist. Das Reflexionsniveau ist unterschiedlich, es reicht von offensichtlichen Bezügen schon im Werktitel bis hin zur Annäherung an stilistische und ästhetische Eigenheiten der Kompositionen des Empfängers.

Ganze Werkgruppen sind auszumachen, mit denen auf erfolgreiche Werke des Adressaten direkt reagiert wurde. Nicht zufällig weisen beispielsweise auffällig viele der Brahms gewidmeten Werke einen Bezug zu seinen *Ungarischen Tänzen* WoO 1 auf. Es ist das Werk, dem Brahms unter anderem seinen endgültigen Durchbruch als Komponist verdankt. Widmeten ihm vorher vor allem enge Freunde und Bekannte ihre Werke, treten mit der zunehmenden Bekanntheit nun vermehrt auch Dedikationen von ihm persönlich unbekannten Personen hinzu. Einige sind ›Trittbrettfahrer‹, die die Popularität der Kompositionen nutzen wollten, andere handelten aus echter Bewunderung und Überzeugung. Die Spannbreite der dabei bedienten Gattungen ist so groß wie die möglichen Widmungsgründe und beschränkt sich längst nicht nur auf Tänze. Sie reicht von J. H. Wallfischs *Neuen ungarischen Tänzen* über Joseph Joachims *Violinkonzert* op. 11 bis zu Heinrich Hofmanns *Ungarischer Suite mit Benutzung ungarischer Nationalmelodien für großes Orchester* op. 16.

Stilistische und thematische Anklänge, Beeinflussungen und Ähnlichkeiten werden in der Korrespondenz oft von den Komponisten selber thematisiert. Manchmal ist der Bezug entscheidend für die Widmung, manchmal aber auch unbewusst eingeflossen. Hermann Goetz begründet die Widmung seines *Klavierquartettes* E-Dur op. 6 so mit der Inspiration durch die *Klavierquartette* g-Moll und A-Dur (op. 25 und 26) von Brahms. Diese hätten ihn zur eigenen Komposition angeregt.

Auch Otto Dessoffs *Streichquartett* F-Dur op. 7 (vgl. Abb. 2) ist teils aus der Beschäftigung mit Brahmsscher Musik entstanden – allerdings ist die direkte Entlehnung nicht intendiert. Zu verschiedenen Gelegenheiten hatte Dessoff bereits seine Befürchtung ausgedrückt, in den eigenen Kompositionen zu nah am Werk des verehrten Meisters zu sein. Es ist das klare Bewusstsein der eigenen Unzulänglichkeit, könne er doch nicht (wie Brahms) »aus ›eigenem tiefen Bronnen‹ schöpfen«. Aus Angst vor »Reminiszenzen« des Widmungswerkes stellt Dessoff nun gar den Druck überhaupt in Frage: »Das Wiederholen und Drücken auf den letzten Takt einer Phrase kommt nämlich häufig bei Dir vor, und da ich mich doch sehr viel mit Deiner Musik beschäftige, so mag ich's wohl daher haben und da trifft's denn einmal durch Taktart, Bindung u.s.w. gerade recht infam zusammen«. Das angesprochene Werk ist allerdings nicht, wie zu erwarten wäre, ein Kammermusikwerk, sondern – über die Gattungsgrenzen hinweg – der erste Satz von Brahms eben fertig gestellter *2. Sinfonie*. Brahms gelingt es, Dessoff zu beruhigen, das Quartett wird mit der Widmung an Brahms gedruckt. Ironisch konstatiert Dessoff abschließend: »Du wirst aus dem Titelblatt die Beruhigung schöpfen, dass Dein Name auch der fernsten Nachwelt aufbewahrt bleibt. Wenn Niemand mehr vom Deutschen Requiem sprechen wird, werden die Leute sagen: ›Brahms? Ach ja, das ist der, dem das 4tett op. 7 gewidmet ist!‹ Ja, Freunde muß man haben!«

*»Ich sehe die Musik,
die schönen Worte dazu –
und nun tragen mich ganz
unvermerkt Ihre herrlichen*

Ausstellung

*Zeichnungen weiter;
sie ansehend ist es, als ob
die Musik ins Unendliche
weitertöne.«*

Johannes Brahms an Max Klinger

»… als ob die Musik ins Unendliche weitertöne« Johannes Brahms und Max Klinger

Der Leipziger Maler, Radierer und Bildhauer Max Klinger (1857–1920) gehörte zu den prominentesten und gleichzeitig widersprüchlichsten Künstlerpersönlichkeiten seiner Zeit. »Seit Goethe und Beethoven hat die deutsche Kunst nichts Gewichtigeres aus den Tiefen und nichts höher zum Äther hin gehoben«, schwärmte einst der Kunstkritiker Ferdinand Avenarius. Klingers universelles Werk, das mit Ausnahme der Architektur kein Feld der bildenden Kunst unberücksichtigt ließ, erschien im Jahrhundert des Heroenkults als die herkulische Tat eines »deutschen Michelangelo« (Paul Kühn). Gewaltig war der geistige Anspruch dieser Kunst: Klinger strebte nichts weniger an, als den »großen gesammelten Ausdruck unserer Lebensanschauung zu geben« und forderte dafür in seiner Schrift *Malerei und Zeichnung* (1891) eine am Gesamtkunstwerk Richard Wagners orientierte »Raumkunst«. Hier sollten sich alle Künste durchdringen und zu großartiger Gesamtwirkung steigern: Wandbilder, malerische Graphik, graphische Malerei, polychrome Skulpturen, geschnitzte architektonische Rahmen.

Abb. 1: Max Klinger, Fotografie auf einer Postkarte zum 50. Geburtstag des Künstlers, 1907

Schon die Zeitgenossen haben den Riss bemerkt, der Klingers Werk bis hin zu den Monumentalgemälden *Die Kreuzigung Christi* (1890) und *Christus im Olymp* (1897) durchzieht, auf denen sich die Damen im Gewand der Jahrhundertwende mit den Göttern und Bürgern Griechenlands sowie dem Personal der Passionsgeschichte ein Stelldichein geben. Der Kunstkritiker Karl Scheffler ließ es sich nicht nehmen, darüber zu spotten, »mit welch' edler Anstrengung und Konsequenz der bürgerliche Sachse aus Plagwitz sich zwischen Fabrikschornsteinen eine homerische Welt aufbaut«. Sein Kollege Julius Meyer-Graefe, Parteigänger der französischen Impressionisten und scharfzüngiger Gegner Arnold Böcklins, nannte den *Christus im Olymp* (vgl. Abb. 2) eine »Marne-Schlacht des deutschen Geistes« und empfahl, dem düster-verbissenen Pathos des Klingerschen Beethoven-Denkmals (1902) durch den Einbau einer Mechanik noch die letzte Vollendung zu geben, die Augen des Titanen zum Rollen und die Flügel des Adlers zum Flattern zu bringen.

Max Klinger hatte zeitlebens eine besondere Affinität zur Musik und war mit vielen Komponisten persönlich bekannt. Neben seinem *Beethoven* schuf er Denkmäler für Brahms und Wagner (unvollendet), fertigte Büsten von Liszt, Wagner und Richard Strauss und zeichnete Max Reger auf dem Totenbett. Klinger war nicht nur ein begeisterter Musikliebhaber, der seine Graphik-Zyklen fortlaufend mit Opusnummern versah, sondern auch ein hervorragender Pianist, der die Klavierwerke seiner Hausgötter Beethoven, Schumann und Brahms am Flügel seines Leipziger Ateliers selbst studierte. Diese Erfahrungen flossen in sein bildkünstlerisches Werk ein und veranlassten den Kunsthistoriker Paul Friedrich zu der Feststellung, Max Klinger sei »der erste Maler und Graphiker, der das Musikalische in der bildenden Kunst zu einem der Hauptinhalte neben dem denkerisch Philosophischen gemacht hat«.

Nachdem der Künstler 1879 mit dem graphischen Zyklus *Rettungen Ovidischer Opfer. Opus II* bereits einem Kompo-

Abb. 2: Auf dem Monumentalgemälde Christus im Olymp *(1897), das als ›Gesamtkunstwerk‹ Malerei, Plastik und Rahmenarchitektur verbindet, lässt Klinger die beiden großen Weltanschauungen Antike und Christentum einander quasi cinemascope begegnen. bpk Berlin / Leipzig, Museum der bildenden Künste, Foto: Harald Richter*

nisten, dem 1856 verstorbenen Robert Schumann, gehuldigt hatte, wandte er sich Johannes Brahms zu und widmete ihm 1880 Amor und Psyche. Opus V, eine Folge von 46 Radierungen und Ornamenten, die das Märchen des Apuleius illustrieren (vgl. Abb. 3). Klingers Begleitschreiben, mit dem er das Werk Brahms zueignete, zeigt die fast unterwürfige Ehrerbietung, die der 23-Jährige dem berühmten Komponisten entgegenbrachte: »Hochverehrter Herr! Ein junger Künstler erlaubt sich, Ihnen hiermit ein Werk zuzustellen, welches Ihnen zu widmen er gewagt hat, ohne im Besitz Ihrer Zustimmung gewesen zu sein. […] Sollte Ihnen indes dieses Werk einige Freude bereiten, trotz seiner Mängel, so würde es mich unendlich freuen, Ihnen für die glücklichen Stunden, die das Hören und die Erinnerung an die Aufführung Ihrer Werke mir bereiteten, einen kleinen Teil meines Dankes abgestattet zu haben […].« Brahms beurteilte den Zyklus wohlwollend und lobte »diese höchst interessanten und talentvollen Blätter«. Für Clara Schumann bestellte er ein Exemplar über seinen Verleger Fritz Simrock.

Im Februar 1885 wurde Klinger von Simrock gebeten, Titelblätter für Brahms' Liederzyklen op. 96 und 97 zu entwerfen. Der Künstler hat je zwei verschiedene Lithographien für den äußeren und inneren Umschlag geschaffen (*Im Grase* und *Arion* zu op. 96; *Satyr und Dryade* und *Entführung* zu op. 97). Skizzen Klingers wurden an Brahms in Wien geschickt, der sich zunächst positiv äußerte, von den fertigen, im Frühjahr 1886 erschienenen Titelzeichnungen jedoch nicht begeistert war, weil diese zum Teil für andere Werke von ihm gedacht waren. Im Nachlass des Komponisten haben sich noch drei weitere Titelblatt-Entwürfe erhalten, die allerdings nicht im Druck erschienen sind: zu *Feldeinsamkeit* op. 86 Nr. 2, zur *Violoncellosonate* op. 38 und zu »Orchesterwerke[n] für Piano 4 Ms«. Diese Entwürfe hatte Klinger kurz vor Erscheinen seiner *Brahms-Phantasie* zusammen mit den Skizzen des Werkes an Brahms geschickt.

Opus XII, die dem Komponisten gewidmete *Brahms-Phantasie* (vgl. Kat 2–9), gilt als das graphische Hauptwerk Klingers. Nahezu neun Jahre hat er daran gearbeitet: Erste konzeptionelle Überlegungen fielen in die Zeit seines Paris-Aufenthaltes (1885–86), die Ausarbeitung geschah größtenteils in Rom (1888–93). Von 1890 datieren die ersten Probedrucke, 1894 erschien das Werk schließlich im Leipziger Verlag Amsler und Ruthardt in einer Auflage von 150 Exemplaren. Es umfasst sechs vollständige Vokal-Kompositionen von Brahms, die Klinger mit 41 Radierungen und Steinzeichnungen versah und auch selbst in Noten stach. Es entstand eine Art ›Gesamtkunstwerk‹, in dem Musik und Dichtung den Graphiker zu phantasievollen Bildfindungen anregten.

Dabei ging es Klinger nicht um bloße »Illustration«, wie er Brahms gegenüber betonte, sondern darum »von den Empfindungen aus, in die uns Dichtung und vor allem [Ihre] Musik zieht, uns blind zieht, Blicke über den Gefühlskreis zu werfen, und von da aus mitzusehen, weiterzuführen, zu verbinden oder zu ergänzen«. Der Zyklus ist in zwei Hälften geteilt, denen je ein Blatt als Präludium vorausgeht (*Accorde* bzw. *Evocation*). Im ersten Teil sind fünf klavierbegleitete Sololieder mit Randleisten versehen, im zweiten bilden die sieben Blätter der Prometheus-Folge, ausgehend von Brahms' Vertonung des *Schicksalsliedes* von Friedrich Hölderlin, den Schwerpunkt.

Accorde (Kat. 2) zeigt eine surreale Szenerie mit unterschiedlichen Bildebenen: Der terrassenartige Aufbau rechts symbolisiert mit dem Pianisten und seiner Muse die Sphäre des Künstlers. Die linke Bildhälfte öffnet den Blick auf eine grandiose Landschaft: Ein Segelboot, Sinnbild der menschlichen Existenz, steuert über die bewegte See auf die von Felsen gerahmte Bucht einer Insel zu, die an Böcklins berühmte *Toteninsel* erinnert. Natur- und Künstlersphäre erscheinen durch die Gesten der Frau sowie eine von Tritonen gestemmte, überdimensionale Harfe vermittelt. Klinger deutet Empfindungen und Phantasien an, die im Künstler durch Musik geweckt werden können: Seine seelische Gestimmtheit ›tönt‹ durch das Naturbild, das zur Seelenlandschaft wird.

Abb. 3: Der Umschlagtitel von Klingers Radierfolge Amor und Psyche. Opus V *und Ausschnitt der Widmungsseite an Brahms*

Die folgenden Lieder entnahm Klinger verschiedenen Liedsammlungen von Brahms. Die Abfolge der Texte gibt den Verlauf einer unglücklich endenden Liebesgeschichte wieder und muss wohl autobiographisch gedeutet werden, wie eine Randleiste zu *Alte Liebe* (op. 71 Nr. 1) zeigt: Der Künstler liegt auf dem Balkon seines römischen Ateliers und blättert wehmütig in alten Liebesbriefen, die ihm Amor gebracht hat. Dann wird er von Sehnsucht an die »Ferngeliebte« ergriffen (*Sehnsucht*, böhmisches Volkslied, op. 49 Nr. 3), Eifersucht und Schmerz über die Untreue der Geliebten (*Am Sonntag Morgen* op. 49 Nr. 1) führen ihn in die Einsamkeit der Natur und lassen ihn an den Tod denken (*Feldeinsamkeit* op. 86 Nr. 2, Kat. 3), bis er sich schließlich trotzig mit seinem Schicksal abfindet (*Kein Haus, keine Heimat* op. 94 Nr. 5).

Gedanklich bildet das letzte Lied die Überleitung zur nun einsetzenden Prometheus-Folge. Während dort der Entschluss, die Einsamkeit zu wählen, einer persönlichen Motivation – der unglücklichen Liebe – entspringt, wird er durch den Rückgriff auf das Schicksal des Titanensprosses Prometheus mythisch überhöht und damit legitimiert: Einsamkeit als das tragische Schicksal des Genies, des Außenseiters der Gesellschaft. Indem er sich mit dem ›Übermenschen‹ Prometheus identifiziert, sublimiert der Künstler seine gesellschaftliche Isolation.

Die den Blättern zur Prometheus-Sage vorangehende *Evocation* (Kat. 4) greift zunächst das Harfenmotiv von *Accorde* (Kat. 2) wieder auf und setzt es ins Zentrum der Komposition. Die Harfe mit tragischer Maske wird flankiert von einem Pianisten und einer nackten Frauengestalt. Beide sind durch Blicke auf einander bezogen und im Begriff, ihre Instrumente zum Klingen zu bringen. Wie auf dem Blatt *Accorde* gibt Klinger mit dem dargestellten Musiker ein Selbstbildnis. In der Frauengestalt sind verschiedene Sinnschichten wie Schönheit, Wahrheit, Natur und Kunst zusammengefasst. Wie ein nacktes Modell scheint sie diese Werte dem Künstler zu offenbaren, der sie auf seinem Flügel sogleich in Musik umsetzt. Das Kampfgetümmel im Gewölk des Hintergrundes deutet bereits auf die Prometheus-Folge voraus.

Im nächsten Blatt, *Titanen*, ist der erbarmungslose Kampf zweier Gottheiten, der Titanen und der Olympier, geschildert. Die Niederlage der Titanen, die primitive Naturkräfte verkörpern, erzeugt eine unheimliche und chaotische Finsternis (*Nacht*). Sie ermöglicht dem inzwischen zum Manne gereiften Prometheus, das Feuer zu entführen (*Raub des Lichtes*, Kat. 5), damit eine neue, von den Kräften des Geistigen getragene Welt entstehe. Die Menschheit ist damit aus ihrem dumpfen, unbewussten Dasein erlöst. Vor einem Feueraltar tanzend ehrt sie in dem Blatt *Fest (Reigen)* den kühnen Retter (Kat. 6), der seinem Schicksal aber nicht entgehen kann und von Hermes und dem Adler des Zeus entführt wird (*Entführung*, Kat. 7), um zur Strafe an den Felsen geschmiedet zu werden.

Damit ist das Menschengeschlecht wieder unterjocht, angstvoll liegt es im nächsten Blatt *Opfer* vor dem mächtigen Zeus im Staub; die Erlösung fand nicht statt, der Mensch bleibt seiner Qual überlassen. Hier setzt Hölderlins *Schicksalslied* ein (Kat. 8). Mit ihm stellt Klinger das Leiden der ›Ausnahme-Existenz‹ Prometheus in einen universellen Rahmen, der das Unglück der gesamten Menschheit umfasst: »Doch uns ist gegeben, auf keiner Stätte zu ruh'n, es schwinden, es fallen die leidenden Menschen […].« Hölderlins Verse klingen hoffnungslos aus, doch Brahms beabsichtigt einen versöhnlicheren Schluss: Er greift den sphärischen Anfang (*langsam und sehnsuchtsvoll*), der die Glückseligkeit der Himmlischen beschwört, modifiziert wieder auf: Das Orchesternachspiel kommt nun ohne Chor aus, die Heilsbotschaft verliert an Überzeugungskraft. Brahms kehrt auch nicht zur Ausgangstonart Es-Dur zurück, sondern geht in ›neutralem‹ C-Dur auf Distanz. Damit vermied er die affirmative Geste eines glücklichen Endes, ohne jedoch die Hoffnung darauf gänzlich aufzugeben. Auch Klinger scheint am Schluss den Bann vom Menschengeschlecht lösen zu wollen: Übertönt vom Jubelschrei der Meergötter sitzt der von Herakles entfesselte Prometheus auf dem Felsen. Im (Sinn-)Bild des *Befreiten Prometheus*, der weinend das Antlitz verbirgt und die Züge Klingers trägt, halten sich Hoffnung und Verzweiflung prekär die Waage (Kat. 9).

Ende 1893 sandte Klinger an Brahms ein erstes, wie er es nannte, »unfertiges« Exemplar der *Brahms-Phantasie*, vermutlich eine Zusammenstellung von Probedrucken, zur Begutachtung. Dem Widmungsträger gefiel das Werk ausgesprochen gut, wie sein begeisterter Dankesbrief an Klinger vom 29. Dezember zeigt: »Ich sehe die Musik, die schönen Worte dazu und nun tragen mich ganz unvermerkt Ihre herrlichen Zeichnungen weiter; indem ich sie ansehe, ist es, als ob die Musik ins Unendliche weitertöne und alles ausspräche, was ich hätte sagen mögen, deutlicher, als Musik es vermag, und dennoch ebenso geheimnisreich und ahnungsvoll.« Der offizielle Dank erfolgte dann 1896, als Brahms sein letztes großes Werk, die *Vier ernsten Gesänge* op. 121, Max Klinger zueignete.

Gemeinsame Treffen in Wien und Leipzig sowie das anhaltende Interesse für die Werke des Anderen begründeten eine tiefe Künstlerfreundschaft. Daher verwundert es nicht, dass Klinger bereits ein Jahr nach Brahms' Tod beabsichtigte, diesen mit einem repräsentativen Denkmal zu ehren. Erste Entwürfe entstanden 1901 in Paris und zeigen das Brustbild des Komponisten, der, auf einer Stele ruhend, im Rücken von einer Muse umfangen wird. Sinnend stützt er den Kopf auf die rechte Hand. Im Wettbewerb um das Wiener Brahms-Denkmal, den der Bildhauer Rudolf Weyr gewann, legte Klinger 1902 Entwürfe vor, die den Komponisten in antikisierender Architektur präsentieren: »In einem tempelähnlichen, aus fünf ionischen Säulen gebildeten Pavillon sitzt die Figur des Komponisten und horcht aus solchem antikisierenden ›Gehäuse‹ heraus in die Natur, um ihr die melodischen Geheimnisse abzulauschen. Dieser Versuch sollte die klassische Basis der Musik von Brahms und ihre Verbundenheit zur Natur charakterisieren« (Gerhard Winkler).

Für das Denkmal, das Brahms' Geburtsstadt Hamburg 1904 bei ihm bestellte, griff Klinger auf die frühen Pariser Entwürfe zurück. Er erweiterte sie in Anlehnung an Rodins Balzac-Statue (1897) zu einer von Genien umfangenen monumentalen Standfigur, die sich auf einem niedrigen, glatt gehaltenen Postament erhebt (Kat. 1). Die portraitähnlichen Züge des von Haupthaar und Bart umrahmten Gesichtes spiegeln Ehrfurcht gebietenden Ernst und geistige Konzentration. Ein weites Gewand, das einer Toga ähnelt, umhüllt den Körper und ist, auf die Tradition antiker Grabmale anspielend, stelenartig gestaltet. Die an den Kopf gelegte rechte Hand des ersten Entwurfs wie auch die den Komponisten umfassende Muse sind beibehalten. Sie legt sanft ihre Hand auf Brahms' Schulter, ergreift mit den Fingern ihrer Rechten seine Hand und schmiegt sich mit dem ganzen Körper an seinen Rücken.

Rechts vom Komponisten sind weitere Figuren angeordnet, die von Zeitgenossen als das »Werden des musikalischen Gedankens« (Paul Schumann) gedeutet wurden. Sie bringen in verschiedenen Gemütsregungen Andacht und Verehrung beim Hören Brahmsscher Musik zum Ausdruck. In halbkreisförmiger Bewegung scheinen sie aus dem Sockel herauszuwachsen: ein als Torso gestalteter männlicher Rückenakt, eine andächtig lauschende weibliche Halbfigur im Profil und eine weitere Frauengestalt en face, die, mit offenen Augen träumend, Kontakt zum Betrachter sucht. Der Bewegungsablauf kontrastiert wirkungsvoll zur Statuarik der Hauptfigur und erinnert an die aus dem Meer nach oben drängenden Tritonen der *Brahms-Phantasie* (vgl. *Accorde*, Kat. 2).

Am 7. Mai 1909, rechtzeitig zum Geburtstag des Komponisten, wurde Klingers Brahms-Denkmal im Foyer der Hamburger Laeiszhalle aufgestellt und der Öffentlichkeit übergeben. Wie der Bericht des *Hamburgischen Correspondenten* zeigt, handelte es sich um ein gesellschaftlich-kulturelles Ereignis ersten Ranges, dem nicht zuletzt die persönliche Anwesenheit des Künstlers eine weihevolle Aura gab: »In einer Senatsequipage naht Herr Bürgermeister Dr. Burchard, Senatoren und Bürgerschaftsmitglieder, Vertreter der künstlerischen und wissenschaftlichen und der Gesellschaftskreise Hamburgs füllen den festlichen Raum, und mit ihnen erscheint die hohe Gestalt Max Klingers, dessen schöpferisches Genie nach seinem Beethoven nun auch ein Marmorbild von Johannes Brahms hat entstehen lassen, dem nun die Weihe gegeben werden soll. Noch steht es verborgen unter schneeweißer Hülle inmitten eines kleinen Haines voll Palmen und Lorbeerbäumen, und erwartungsvoll harrt die Menge des Augenblicks, der ihr den Anblick des Denkmals bringen soll.«

STEFAN WEYMAR

Kat. 1: Max Klinger: Brahms-Denkmal, 1909
Seravezza-Marmor, Höhe: 300 cm, Laeiszhalle Hamburg

Kat. 2: Max Klinger: *Accorde,* **in:** *Brahms-Phantasie,*
***Rad.-Opus XII,* Berlin 1894**
Blatt 1, Stich, Aquatinta u. Schabkunst, 27,7 x 39,1 cm

Kat. 3: Max Klinger: *Im Grase*, **in:** *Brahms-Phantasie, Rad.-Opus XII*, **Berlin 1894**
Blatt 16, Radierung u. Aquatinta in zwei Farben eingerieben, 27,8 x 14,8 cm

Kat. 4: Max Klinger: *Evocation*, **in: *Brahms-Phantasie*, Rad.-Opus XII, Berlin 1894**
Blatt 19, Bez. »MK«, Radierung, Stich, Aquatinta u. Schabkunst, 29,2 x 35,7 cm

Kat. 5: Max Klinger: *Raub des Lichtes*, **in:** *Brahms-Phantasie, Rad.-Opus XII*, **Berlin 1894**
Blatt 22, Radierung u. Schabkunst, 29,3 x 35,7 cm

Kat. 6: Max Klinger: *Fest (Reigen)*, in: ***Brahms-Phantasie, Rad.-Opus XII*, Berlin 1894**
Blatt 23, Bez. »MK 94«, Radierung, Stich u. Aquatinta, 25,3 x 35,6 cm

Kat. 7: Max Klinger: *Entführung des Prometheus,* in: *Brahms-Phantasie, Rad.-Opus XII,* **Berlin 1894**
Blatt 24, Radierung, Stich u. Aquatinta, 25,3 x 35,6 cm

Kat. 8: Max Klinger: *Homer* (Titelblatt), in: *Brahms-Phantasie, Rad.-Opus XII*, Berlin 1894
Blatt 26, Radierung u. Stich, 27,8 x 39,4 cm

Kat. 9: Max Klinger: *Der befreite Prometheus,*
in: *Brahms-Phantasie, Rad.-Opus XII,* **Berlin 1894**
*Blatt 41, Radierung, Stich, Aquatinta u. Schabkunst,
27,7 x 36,2 cm*

Johannes Brahms – Denkmäler

Bald nach Brahms' Tod am 3. April 1897 entstand das Bedürfnis, den Komponisten öffentlich und dauerhaft mit Denkmälern zu ehren. Vermutlich hätte Brahms, dem jeglicher Personenkult suspekt war, an den meisten von ihnen nur wenig Gefallen gefunden. Ihm war mehr an einem Komponisten ›zum Anfassen‹ gelegen. Als man Ende der 1880er Jahre in Wien über ein Mozart-Denkmal nachdachte, lehnte Brahms die Idee eines Monuments rundheraus ab. Er favorisierte die Errichtung eines Mozart-Brunnens im Stadtpark mit ›volksnahen‹ Szenen aus dem Leben des Komponisten. Da hätte »jeder ›Bauer‹ Anlaß, seine Erinnerung an den Meister aufzufrischen und dazu einen kühlen Trunk zu tun.«

Man darf annehmen, dass der berühmte deutsche Bildhauer Adolf von Hildebrand (1847–1921), der dem Brahms-Kreis nahe stand und für Meiningen 1898/99 das erste Denkmal schuf, die Vorbehalte des Komponisten kannte. So entwarf er für den Englischen Garten des Meininger Schlosses eine betont schlichte, halbkreisförmige Anlage mit der Büste des Verstorbenen im Zentrum. Sie erhebt sich von einem hohen mit Voluten flankierten Sockel, auf den, von einem Lorbeergebinde überfangen, der Namenszug »Johannes Brahms« eingeprägt ist. Zu beiden Seiten laden, symmetrisch angeordnet, je eine Sitzbank und ein Brunnen zum Verweilen ein.

Bereits das Gipsmodell (Kat. 10) lässt erkennen, dass die Portrait-Büste auf Fernwirkung berechnet war: Hildebrand zeigt den Komponisten mit erhobenem Haupt, das leicht nach rechts gedreht ist. Der offene, in die Ferne gerichtete Blick sucht den Kontakt mit dem sich nähernden Betrachter. Der Bildhauer schuf ferner Grabmäler für eine Reihe enger Brahms-Freunde: Hans von Bülow, Hamburg (1896), Elisabeth von Herzogenberg, San Remo (1898), Herzog Georg II., Meiningen (1914/19) und Joseph Joachim, Berlin (1913). Der berühmte Geiger hielt am 7. Oktober 1899 die Rede »zur Weihe des Brahms-Denkmals in Meiningen«.

Auch Brahms' Geburts- und Wirkungsstätte Hamburg wollte den großen Komponisten nach seinem Tod dauerhaft ehren. Bereits im November 1897 warben verschiedene Hamburger Zeitungen für die Herstellung von Entwürfen eines Brahms-Denkmals, das in den Wallanlagen errichtet werden sollte. Der Begas-Schüler Reinhold Felderhoff (1865–1919) nahm frühzeitig mit dem Entwurf einer Standfigur am ausgeschriebenen Wettbewerb teil. Ein zweites Modell (Kat. 13) konnte er aus Zeitgründen nicht mehr bei der Jury einreichen, die schließlich Max Klinger mit der Herstellung des Brahms-Denkmals beauftragte (Kat. 1).

Kat. 10: Adolf von Hildebrand: Portrait-Büste für das Meininger Brahms-Denkmal, 1898
Modell in Gips, elfenbeinfarben bemalt, Höhe: 50 cm, Schenkung Volker Scherließ, Lübeck

Kat. 11: Arno Breker: Büste von Johannes Brahms, 1970er Jahre
Bronzeguss mit marmornem Sockel, poliert, Höhe: 22 cm

Kat. 12: Milan Knobloch: Büste von Johannes Brahms für die Walhalla bei Regensburg, 2000
Modell in Gips, bronzefarben bemalt, Höhe: 19 cm, Schenkung des Künstlers

Dieser ›sitzende Brahms‹ war später für Bad Ischl vorgesehen, konnte aber wegen des ersten Weltkriegs nicht ausgeführt werden.

Im Gegensatz zum Brahms-Monument Klingers, das mit großem Materialaufwand und allerlei allegorischem Personal eine Künstlerapotheose inszeniert, schuf Felderhoff ein schlichtes Denkmal im bürgerlichen Gewand (Kat. 13). Es zeigt Brahms, wie dieser sich selbst gern auf offiziellen Fotografien präsentiert hat: mit würdigem Bart, Rock, Weste und Schleife. Die Profession des Dargestellten ist mit einem Stapel Notenblätter zu seinen Füßen lediglich angedeutet. Kaum zufällig wählte Felderhoff als Vorlage die letzte Aufnahme des Komponisten, die ihn, unter Freunden sitzend, am 11. Dezember 1896 im Wiener Haus von Eugen von Miller zu Aichholz zeigt. Der Bildhauer übernahm exakt einzelne Haltungsmotive, wie etwa die gekreuzten Beine oder den aufs Knie gestützten Arm. Der besondere Reiz seiner Arbeit liegt in der zwanglosen Mischung von geistiger Konzentration und körperlicher Lässigkeit, mit der Brahms wiedergegeben ist. Sie bedingt ein subtiles Wechselspiel von Spannung und Entspannung, der klassische Kontrapost ist auf eine sitzende Figur übertragen: So trägt das rechte Bein die Last des übergeschlagenen linken, der kraftvoll aufgestützte, nach vorn gestreckte linke Arm, dessen Hand zur Faust geballt ist, unterstreicht Brahms' konzentrierten Gesichtsausdruck, während der rechte, nach hinten genommen und mit den Fingern locker ins Revers greifend, bequem auf der Stuhllehne ruht.

Lange hatte man in der Walhalla bei Regensburg, die der klassizistische Architekt Leo von Klenze einst als Ruhmestempel zum Gedächtnis ›großer Deutscher‹ errichten ließ, auf Johannes Brahms warten müssen. Insgesamt 12 Komponisten waren dort zum Teil von bedeutenden Bildhauern wie Schadow (Händel) verewigt worden, darunter auch Zeitgenossen von Brahms wie Richard Wagner oder Anton Bruckner. Im Jahr 2000 war es dann soweit: Prof. Dr. Wolfgang Sandberger, der Leiter des Brahms-Instituts, enthüllte gemeinsam mit dem bayerischen Kultusminister Hans Zehetmair und dem Prager Bildhauer Milan Knobloch (*1921) am 14. September die Büste des großen Komponisten und würdigte ihn in einem Festvortrag. Knobloch wählte für sein Bildnis, in bewusster Abgrenzung zur Tradition, einen jugendlichen Brahms ohne Bart (Kat. 12). Der Bildhauer gestaltete auch die Gedenktafel für Gustav Mahler im Foyer der Hamburgischen Staatsoper.

Arno Breker (1900–1991) ist heute in der populären Vorstellung vor allem als Lieblingsbildhauer Adolf Hitlers und Schöpfer monumentaler Standfiguren bekannt, die mit ihrer athletischen Physis dem Körperkult der Nationalsozialisten entgegen kamen; das Gesamtwerk indes wird inzwischen durchaus differenzierter beurteilt. Der Künstler war vielseitig interessiert und begeisterte sich für Architektur, Literatur und Musik. So schuf er in den 1970er Jahren eine Reihe von Bronzebüsten bedeutender Komponisten. Neben Beethoven, Wagner und Liszt portraitierte er auch Johannes Brahms (Kat. 11). Beeinflusst von der Rodin-Schule, gelang ihm selbst im Miniaturformat ein ausdrucksstarkes Bildnis von Brahms, der sich mit gesenktem Kopf und grüblerischem Ernst vor dem Betrachter verschließt. Der locker modellierte Kopf zeigt eine lebhafte Binnenstruktur und kontrastiert wirkungsvoll zum stelenartig-düsteren, glatt polierten Marmorsockel.

STEFAN WEYMAR

Kat. 13: Reinhold Felderhoff: Modell für ein Brahms-Denkmal in Hamburg, 1901
Gips, elfenbeinfarben getönt, patiniert, Höhe: 69 cm, aus dem Nachlass von Julius Spengel

Brahms, Joachim und die Idee der ›ungarischen‹ Musik

Mit der ungarischen Freiheitsbewegung Mitte des 19. Jahrhunderts wurde auch die ungarische Musik, die oft mit dem ›Zigeunerischen‹ gleichgesetzt wurde, populär. Zwar kennen wir schon von Haydn, Mozart, Beethoven oder Schubert das sogenannte »Ungarese«, aber erst durch Komponisten wie Liszt oder Brahms ist das ungarische Idiom wirklich populär geworden. Dass sogar Faust in der ersten Szene von *La Damnation de Faust* von Hector Berlioz zu den Klängen des legendären Rákóczi-Marsches durch die ungarische Puszta-Landschaft wandern muss, ist für diese politisch motivierte Ungarn-Mode bezeichnend.

Die ersten beiden Hefte der *Ungarischen Tänze* von Johannes Brahms sind im Herbst 1868 entstanden, doch dürfte der junge Brahms manche Tanzmelodie schon auf seiner ersten Konzertreise 1853 mit dem ungarischen Geiger Eduard Reményi (1828–1898) gehört haben. Brahms hat später nicht verschwiegen, dass er »ungarische Melodien« von langer Zeit her kannte. »Was man so lange und wild bloß gespielt hat, ist unbequem aufzuschreiben« – bekannte er im Februar 1872 seinem Verleger Fritz Simrock. Die Ungarischen seien »echte Pußta- und Zigeunerkinder. Also nicht von mir gezeugt, sondern nur mit Milch und Brot großgezogen.« Entsprechend erschienen die *Ungarischen Tänze* auch ohne eigene Opuszahl mit der Formulierung »gesetzt« statt »komponiert von Brahms« auf dem Titel.

Die eigentliche Leistung von Brahms hat seine Freundin Elisabeth von Herzogenberg in sehr treffende Worte gefasst:

Kat. 14: Johannes Brahms (1833–1897) und Joseph Joachim (1831–1907)
Fotografie im Visitformat, Klagenfurt, November 1867, aus dem Nachlass von Johannes Brahms

»Die Ungarischen! Das glaub' ich, daß die Ihnen Spaß machen« – schrieb sie an Brahms – »so fabelhaft haben Sie's getroffen, das Unbeschreibliche des ungarischen Orchesterklangs, das in seinem Gemisch von Quirlen und Schlagen, Klirren und Pfeifen, Gurgeln und Quinquilieren so einzig ist, wiederzugeben, daß das Klavier ordentlich aufhört Klavier zu sein. Was mir aber am meisten an Ihrer Leistung imponiert, ist, daß sie alles das, mehr oder weniger nur Elemente der Schönheit in sich bergende, zu einem Kunstwerk und in die reinste Atmosphäre emporhoben, ohne daß es im mindesten von seiner Wildheit, von seiner elementaren Gewalt einbüßte.«

Feinsinnig hatte die Freundin hier darauf hingewiesen, dass die kompositorische Faktur der Tänze über den reinen Klavierklang hinausweise und keine andere Musik von Brahms wurde denn auch so häufig bearbeitet. Zu den ersten und kompetentesten Bearbeitern gehörte der legendäre Geiger und Brahms-Freund Joseph Joachim, der die Tänze für sein Instrument mit Klavierbegleitung arrangiert hat (Kat. 19). Der aus Ungarn stammende Geiger jüdischer Herkunft hatte für diese Melodien einen ganz besonderen Sinn. Von den Tänzen Nr. 1 und 2 haben sich sogar berührende Tonaufnahmen mit dem über 70-jährigen Joachim aus dem Jahr 1903 erhalten, die in dem Feature zu Brahms und Joachim an unserer Hörstation der Ausstellung gehört werden können.

Dass Brahms gerade mit seinen *Ungarischen Tänzen* identifiziert wurde, zeigt auch die Sammlung *Neue Ungarische*

Kat. 15: Joseph Joachim (1831–1907)
Fotografie im Kabinettformat, London, 1885

Tänze, die J. H. Wallfisch wohl bald nach Brahms' Tod 1897 »dem Andenken an Johannes Brahms gewidmet« hat (Kat. 20). Der heute kaum mehr bekannte Komponist Wallfisch, der gelegentlich in musikalischen Beilagen wie der *Hausmusik* (zur *Deutschen Frauen-Zeitung Coepenick-Berlin*, 1903) auftaucht, dürfte unbenommen der Verehrung von Brahms auch darauf gehofft haben, dass sich die Widmung samt Brahms-Portrait auf dem Titelblatt zugleich verkaufsfördernd auswirke.

Ähnliches gilt auch für Heinrich Hofmann (1842–1902), dem sein Durchbruch zu einem zwischenzeitlich sehr erfolgreichen Komponisten ebenfalls mit einer Brahms-Anlehnung und -Widmung gelang: der *Ungarischen Suite. Mit Benutzung ungarischer Nationalmelodien für grosses Orchester* op. 16, ein Werk, das der knapp 30-jährige Hofmann im Erstdruck von 1873 »Johannes Brahms verehrungsvoll zugeeignet« hat (Kat. 21).

Exemplarisch zeigt die enge Verbindung mit Joseph Joachim, wie intensiv eine ›Künstlerfreundschaft‹ mit Brahms hinsichtlich der konkreten kompositorischen Auseinandersetzung sein konnte; das Doppelportrait der beiden, fotografiert 1867, ist eine Momentaufnahme dieser Freundschaft (Kat. 14). Schon Mitte der 1850er Jahre schauten beide sich gewissermaßen über die Komponistenschulter. In diesem Dialog spielten besonders die Form der Variation, aber auch die Auseinandersetzung mit kontrapunktischen Problemen eine große Rolle. Parallel arbeiteten beide damals auch an großen sinfonischen Konzerten – bezeichnenderweise in der gleichen Tonart d-Moll: Brahms komponierte für ›sein‹ Klavier, Joachim für ›seine‹ Geige. Dieses Violinkonzert »in ungarischer Weise« hat Joachim dann im Erstdruck auch seinem Freund gewidmet (Kat. 16).

Die besondere Begabung von Joachim hat Brahms später noch einmal mit der Konzeption seines *Violinkonzerts* op. 77 eindrucksvoll aufgegriffen. Kein anderes Werk ist so eng mit Joachim verbunden, schaut man auf die Entstehung, die Diskussion und die Revision des Werkes ebenso wie die ersten Proben, die frühen Aufführungen sowie die Widmung des Konzerts – auch sie ging an Joachim, der auf Wunsch des Freundes auch gleich die Kadenz zum ersten Satz konzipierte, bis heute die meistgespielte Solokadenz dieses Konzerts.

WOLFGANG SANDBERGER

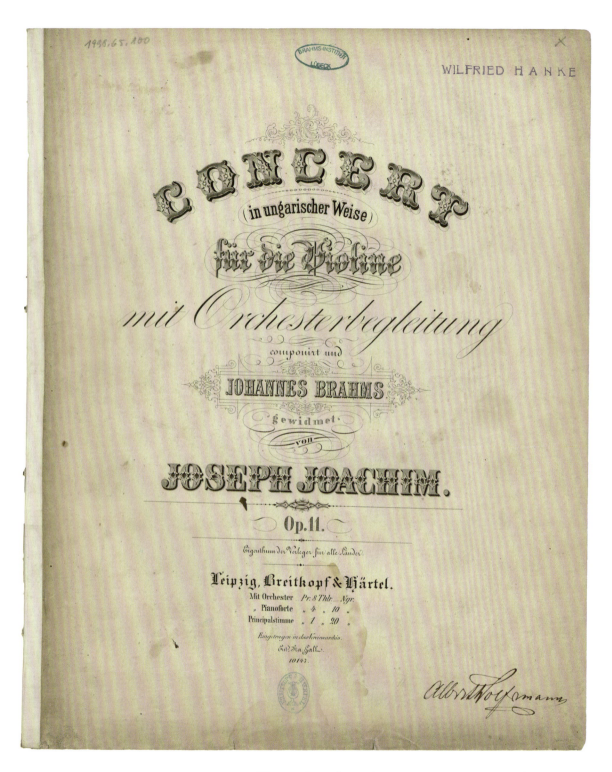

Kat. 16: Joseph Joachim: *Concert (in ungarischer Weise) für die Violine mit Orchesterbegleitung* […] **op. 11**
»Johannes Brahms gewidmet«
Erstdruck, o. J. [1861], Leipzig, Breitkopf & Härtel, Titelseite

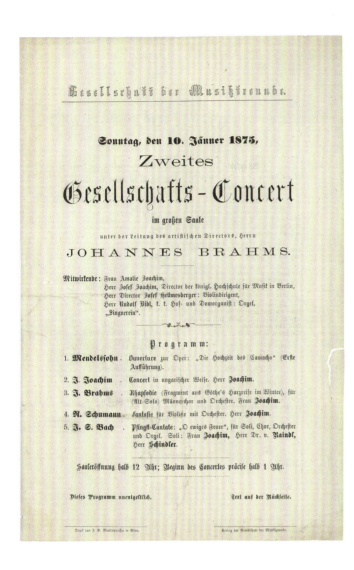

Kat. 17: Konzertprogramm
Gesellschaft der Musikfreunde, Sonntag den 10. Jänner 1875, Zweites Gesellschafts-Concert im großen Saale unter der Leitung des artistischen Directors, Herrn Johannes Brahms.

Kat. 18: Konzertprogramm
Dienstag den 14. Jänner 1879, Abends 7 Uhr: Einziges Konzert mit Orchester des Herrn Professors Joseph Joachim.

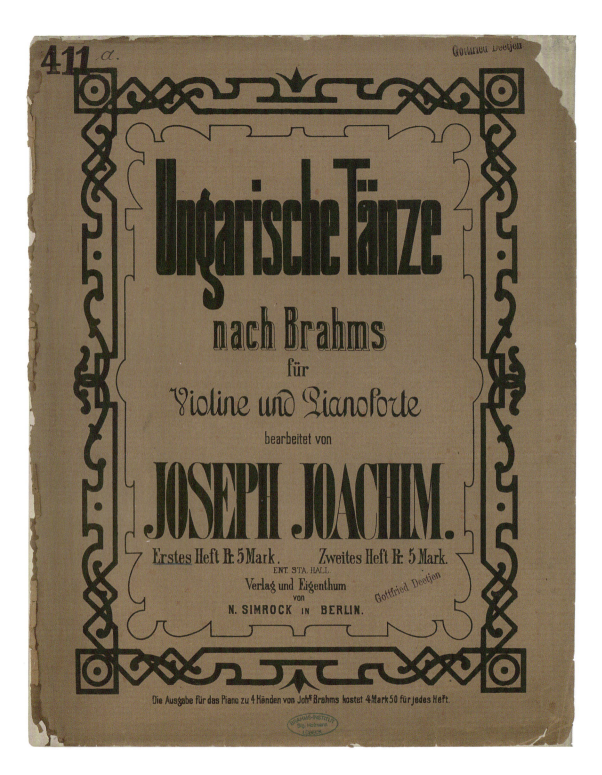

Kat. 19: *Ungarische Tänze nach Brahms für Violine und Pianoforte bearbeitet von Joseph Joachim*
Erstdruck von Heft I, 1871, N. Simrock, Berlin, Umschlagtitel

Kat. 20: J. H. Wallfisch: *Neue Ungarische Tänze*
[ORIGINAL=COMPOSITIONEN] für das Pianoforte
»Dem Andenken an Johannes Brahms gewidmet«
Erstdruck, o. J. [nach 1897], Berlin, Max Richter, Titelseite mit Brahms-Portrait

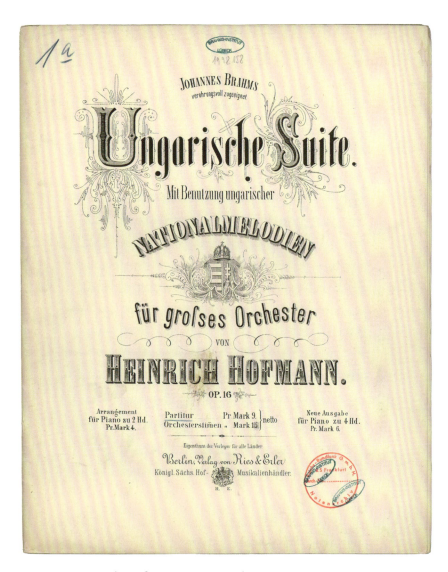

Kat. 21: Heinrich Hofmann: *Ungarische Suite.*
Mit Benutzung ungarischer Nationalmelodien
für grosses Orchester […] op. 16
»*Johannes Brahms verehrungsvoll zugeeignet*«
Erstdruck, o. J. [1873], Berlin, Ries & Erler, Titelseite

Kat. 22: Heinrich Hofmann (1842–1902)
Fotografie im Kabinettformat, Wien, o. J.,
Universitätsbibliothek Frankfurt am Main,
Sammlung Manskopf

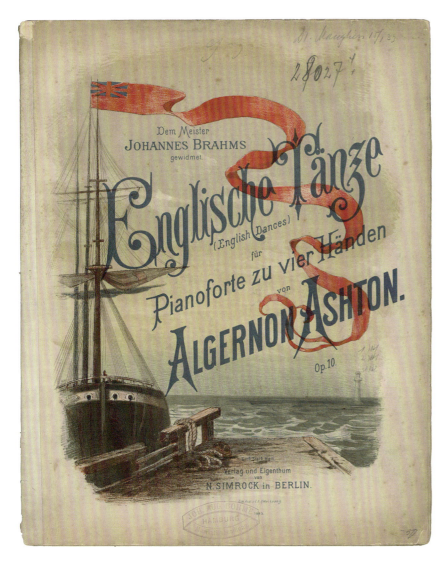

Kat. 23: Algernon Ashton: *Englische Tänze für Pianoforte zu vier Händen* **op. 10**
»Dem Meister Johannes Brahms gewidmet«
Erstdruck, 1883, Berlin, N. Simrock, Titelseite

Kat. 24: Algernon Ashton (1859–1937)
Fotografie im Visitformat, signiert und datiert (»London, April 4th 1902.«), Universitätsbibliothek Frankfurt am Main, Sammlung Manskopf

»… das schönste und wertvollste Geschenk, das man geben kann« – Johannes Brahms, Johann Strauß und Hans Huber

Oft ist zu lesen, für Brahms sei die Ausarbeitung eines musikalischen Gedankens wichtiger gewesen, als der Einfall selbst. Diese Aussage trifft mit Sicherheit auf die eigenen Werke zu, an die er höchste Ansprüche stellte. Brahms wollte, wie er es nannte, »dauerhafte Musik« schreiben, die dem Wechsel der Tagesmoden durch ihre spezifische Qualität entzogen war. Toleranter dagegen bemaß er die Unterhaltungsmusik seiner Zeit und wusste die zugkräftigen Wiener Ohrwürmer eines Johann Strauß (1825–1899) sehr wohl zu schätzen. Brahms bewunderte rückhaltlos den melodischen Einfallsreichtum und die Orchestrationskunst des Walzerkönigs, der über die Jahre zu einem engen Künstlerfreund geworden war. Auf dem Autographenfächer von Strauß' Stieftochter Alice fügte der Wahl-Wiener einmal den von Strauß notierten Anfangstakten des Donau-Walzers hinzu: »Leider nicht von Johannes Brahms«.

Wie ihr Doppelportrait eindrücklich zeigt, das 1894 auf der Veranda von Strauß' Ischler Villa aufgenommen wurde, hätten beide Künstler unterschiedlicher nicht sein können (Kat. 25): Verglichen mit dem weltmännischen Strauß, der sich jugendlich-dynamisch gibt und mit modischem Rock, Weste und schneidiger Bügelfaltenhose die schlanke Figur betont, erscheint der 61-jährige Brahms bereits vor der Zeit ergraut und wie in Sackleinen gehüllt, um die Körperfülle mehr schlecht als recht zu verbergen. Und Strauß ist acht Jahre älter als Brahms!

Die Komponisten lernten sich vermutlich schon im November 1862 in Wien kennen. In den 1880er und 1890er Jahren

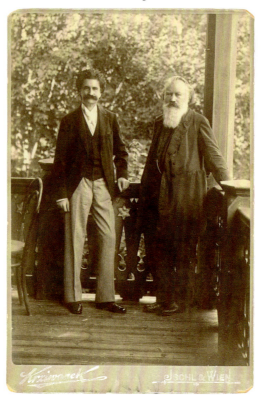

Kat. 25: Johann Strauß, Sohn (1825–1899) und Johannes Brahms (1833–1897)
Fotografie im Kabinettformat, Bad Ischl, 1894

entwickelte sich zwischen den so gegensätzlichen Charakteren eine herzliche Künstlerfreundschaft. Brahms war häufig Gast in den Wiener und Ischler Häusern von Strauß, spielte gern am Klavier seine Melodien und nutzte jede Gelegenheit, ein neues Werk von ihm zu hören. So besuchte er noch am 13. März 1897, bereits vom Tode gezeichnet, die Premiere von Strauß' Operette *Die Göttin der Vernunft* im Theater an der Wien. Beide entwarfen am ersten Weihnachtstag des Jahres 1889 für das Autographenalbum der Gräfin Lucietta Wilczek ein gemeinsames Albumblatt »zur geneigten Erinnerung«: Den von Strauß notierten acht Takten aus dem *Kaiserwalzer* fügte Brahms seine volle Unterschrift hinzu (Kat. 26).

Strauß widmete dem Freund schließlich 1892 den Walzer *Seid umschlungen Millionen* op. 443, den Brahms' Hausverleger Simrock in Berlin mit einem aufwändig gestalteten, mehrfarbigen Titelblatt herausbrachte (Kat. 27). Die Anspielung auf Beethoven im Titel (neunte Sinfonie) mag dem Geehrten ein behagliches Schmunzeln entlockt haben. Noch über den Tod des Walzerkönigs hinaus gedachte man der einstigen Künstlerfreundschaft, wie der Programmzettel zur Trauerfeier von Johann Strauß dokumentiert, die am 25. Oktober 1899 von der Gesellschaft der Musikfreunde in Wien veranstaltet wurde (Kat. 28): »Zur Aufführung gelangt: Ein deutsches Requiem.«

Wie die Norweger Edvard Grieg oder die Finnen Jean Sibelius, so hatten auch die Schweizer ihren Nationalkomponisten, der allerdings über die Landesgrenzen hinaus kaum

Kat. 26: Johann Strauß und Johannes Brahms: Albumblatt mit *Kaiserwalzer* (Anfang)
egh. signiert u. datiert: »Johann Strauß u. Johannes Brahms, Wien, am 25ten Dez. [18]89«, mit Widmung an Gräfin Lucietta Wilczek

bekannt geworden ist: Hans Huber (1852–1921, Kat. 30). Er erhielt seine musikalische Ausbildung bei Carl Reinecke am Leipziger Konservatorium und gründete nach seiner Rückkehr in die Heimat den *Schweizerischen Tonkünstlerverein* (1900, zusammen mit dem Brahms-Freund Friedrich Hegar) und das Basler Konservatorium (1905), das er auch selbst leitete. Huber hinterließ ein umfangreiches Œuvre, bei dem acht groß angelegte Sinfonien spätromantischer Prägung den Schwerpunkt bilden. Wie schon die Sinfonien seines Landsmannes Joachim Raff tragen sie programmatische Titel (z. B. Nr. 1: *Tell-Sinfonie*; Nr. 2: *Böcklin-Sinfonie*). Breit gefächert und noch kaum erschlossen ist Hubers Kammermusik, die stilistisch bei Schumann und Brahms anknüpft: Im Zentrum stehen allein sechs Klaviertrios, zwei Klavierquartette und drei Klavierquintette sowie zehn Violin- und vier Violoncellosonaten.

In den späten 1870er Jahren suchte Huber erstmals brieflich Kontakt zu Johannes Brahms. Während seiner Leipziger Studienzeit hatte er bereits dem Komponisten nahe stehende Künstler kennen gelernt, etwa den Geiger Ferdinand David oder die Pianistin Clara Schumann, der er seinen Romanzen-Zyklus op. 15 nach Heines *Buch der Lieder* dedizierte. Auch Brahms wurde von Huber mit einer Widmung bedacht: Die zwölf *Walzer für Pianoforte zu vier Händen, Violine und Violoncell* op. 27, die in der vierhändigen Alternativfassung ohne Streichinstrumente gezeigt werden, sind ihm »in grösster Verehrung« zugeeignet (Kat. 29). 1878 bei Rieter-Biedermann in Leipzig erschienen, nehmen sie in Besetzung, Tonfall und Satzfaktur Bezug auf die so erfolgreichen Brahms-Walzer op. 39 sowie die Liebesliederwalzer-Zyklen op. 52 und 65. Nur Walzer Nr. 11 enthält ein direktes Zitat am Schluss, das auf die Nr. 2 aus op. 39 verweist. Huber merkt in den Noten an: »Motiv nach Brahms«.

Im Bestand der Basler Universitätsbibliothek hat sich ein berührender Brief erhalten, in dem Brahms auf Hubers Walzer zu sprechen kommt. Er versucht die Vorbehalte des jungen Komponisten zu zerstreuen, der an der Angemessenheit seiner Widmung gezweifelt hatte, und fasst zusammen: »Ich halte die Widmung eines Werkes für das schönste u.[nd] werthvollste Geschenk das man geben kann; daß man deshalb um Erlaubnis zu fragen habe glaubte ich nicht.«

STEFAN WEYMAR

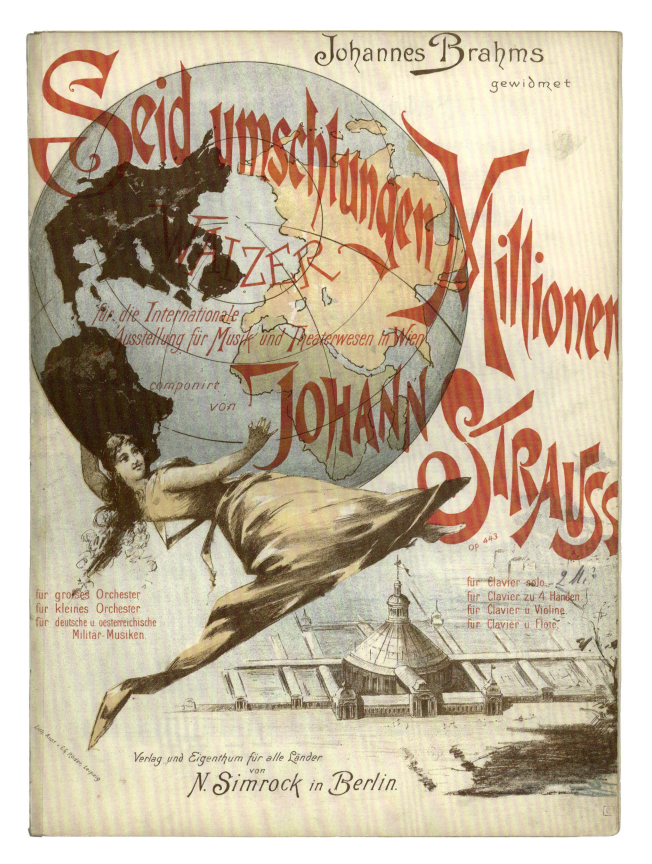

Kat. 27: Johann Strauß:
Seid umschlungen, Millionen,
op. 443
»*Johannes Brahms gewidmet*«
Erstdruck, 1892, Berlin, N. Simrock,
Titelseite

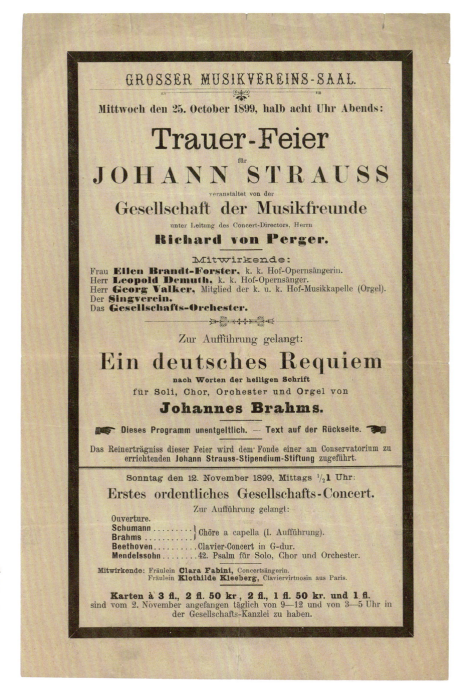

Kat. 28: Konzertprogramm
Trauerfeier für Johann Strauß,
Gesellschaft der Musikfreunde,
Wien, 25. Oktober 1899

Kat. 29: Hans Huber: *Walzer für Pianoforte zu vier Händen, Violine und Violoncell op. 27. […] Dieselben für Pianoforte zu vier Händen.*
»Herrn Johannes Brahms in größter Verehrung gewidmet«
Erstdruck, 1878, Leipzig, Rieter-Biedermann, Titelseite

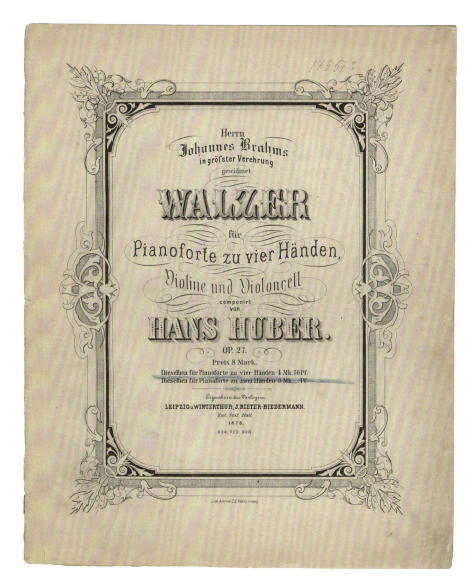

Kat. 30: Hans Huber (1852–1921)
Fotografie im Visitformat, Basel, o. J., Universitätsbibliothek Frankfurt am Main, Sammlung Manskopf

Brahms und die Frauen – Beziehungszauber?

Johannes Brahms hat nie geheiratet. Über die Gründe ist viel spekuliert worden. Wilhelm Busch vermutete treffend, dass Brahms »die Wahrheit, weshalb er ohne dieses Glück geblieben ist, auch seinem allerbesten Freund nicht gestanden« hätte. Anders als seine verheirateten Künstler-Freunde Joachim oder Grimm bevorzugte Brahms die Einsamkeit, die ihn zu melancholischer Selbstdeutung veranlasste. Die einzige feste (und daher legendenumrankte) Liaison seines Lebens war die 1858/59 während Verbindung zu Agathe von Siebold (1835–1909), die als Göttinger Professorentochter aus dem Bildungsbürgertum stammte (Kat. 39) – vor einer Heirat aber schreckte Brahms zurück. Ein unmittelbar nach Brahms' Tod geschriebener Brief von Agathe von Siebold an Grimm verrät, dass die Beziehung zu Brahms doch sehr eng gewesen sein dürfte.

Im Blick auf Brahms' gesamtes Leben aber war Clara Schumann die zentrale Frauengestalt. Die Verbindung der beiden ist so vielschichtig und komplex, dass sie kaum in wenigen Sätzen skizziert werden kann. Dass sich das Interesse der Nachwelt vor allem auf das vermeintlich so ›leidenschaftliche‹ Verhältnis zwischen der 34 Jahre alten Pianistin und dem gerade 20-jährigen Komponisten konzentrierte, wird der Intensität dieser Freundschaft auch in späteren Jahren jedenfalls nicht gerecht. Nach Robert Schumanns Tod sah sich Clara freilich genötigt, die Beziehung zu Brahms ihren Kindern zu erklären: »Er kam, um als treuer Freund alles Leid mit mir zu tragen; er kräftigte das Herz, das zu brechen drohte, er erhob meinen Geist, erheiterte, wo er nur konnte, mein Gemüt, kurz er war mein Freund in vollstem Sinne des Wortes«.

Kat. 31: Unbekannte Dame
Rückseite einer Fotografie im Visitformat, die Dame von Kat. 41 darstellend, mit egh. Widmung, aus dem Nachlass von Johannes Brahms

Brahms seinerseits soll viele Jahre später hinsichtlich dieser frühen Düsseldorfer Zeit eine Anspielung auf Goethes *Werther* geäußert haben. Die musikalische Wahlverwandtschaft blieb jedoch in den folgenden Jahrzehnten das zentrale Band zwischen den beiden. Ganz unabhängig von dem im Briefwechsel bestens dokumentierten Austausch über Musik, gemeinsame Freunde und Bekannte, Reisepläne, Geld- und andere praktische Fragen hat Brahms sich auch später wohl keiner anderen Person gegenüber emotional so zu öffnen vermocht. So schrieb er etwa am 19. März 1874: »Laß Dir diese ernste Liebe auch etwas Tröstliches sein – ich liebe Dich mehr als mich und irgend wen und was auf der Welt«. Umgekehrt formulierte auch Clara später ihre ›Besitzansprüche‹ immer wieder, ja die vielfältigen Anweisungen, Ermahnungen, Vorwürfe und Bitten waren für Brahms mitunter durchaus lästig. Doch das zentrale Band der beiden blieb die Musik, die schon früh immer wieder im Mittelpunkt stand, wie auch die beiden gegenseitigen Werk-Dedikationen zeigen: die *Klaviersonate* op. 2, die der gut 20-Jährige noch sehr respektvoll »Frau Clara Schumann verehrend zugeeignet« hat, sowie die drei *Romanzen* op. 21, mit deren Widmung an Brahms sich Clara Schumann alsbald revanchierte.

Freilich hatte Brahms auch zu anderen Frauen freundschaftliche Beziehungen. Schon früh hatte er über Clara und Robert Schumann die blinde Rosalie Leser kennen gelernt, die er zeitweilig auch im Klavier unterrichtete. Der 22-jährige Brahms widmete ihr das Autograph zu dem Lied *Der Überläufer* nach einem Text aus *Des Knaben Wunderhorn*. Das mit »1855« datierte kaligraphische Blatt wurde erst 1868 in

der Liedersammlung op. 48 gedruckt (Kat 36). Der Ankauf dieses kostbaren Blattes wurde jüngst ermöglicht durch die Alfried Krupp von Bohlen und Halbach-Stiftung.
Auch in späteren Jahren spielten Frauen im Leben von Brahms eine Rolle. Unerträglich war Clara Schumann der Gedanke, Brahms habe sich in ihre dritte Tochter Julie (1845–1872) verliebt (Kat. 37). Schon 1861 hatte Brahms Julie die *Variationen* op. 23 gewidmet, in denen er als Thema den »letzten musikalischen Gedanken« von Robert Schumann gewählt hatte. Auf die Verlobung von Julie mit einem italienischen Grafen (1868) reagierte Brahms »ganz erschrocken.« Weiter heißt es im Tagebuch von Clara Schumann: »Hat er sie wirklich lieb gehabt? Doch er dachte ja nie an Heiraten, und Julie hatte nie Neigung für ihn.«

Clara Schumann war auch später enttäuscht, wenn sie bei Brahms nicht mehr die Hauptrolle spielte. Fast mit Neid blickte sie auf Elisabeth von Herzogenberg, geb. Stockhausen, die Brahms vor ihrer Heirat kurzzeitig unterrichtet hatte und der er von 1877 an bevorzugt seine Manuskripte zur Beurteilung schickte (Kat. 40). Über die musikalische Kompetenz hinaus bewunderte Brahms Elisabeth von Herzogenberg zwischenzeitlich fast im Sinne einer ›fernen Geliebten‹,

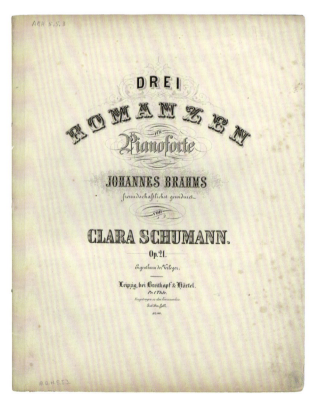

Kat. 32: Johannes Brahms (1833–1897)
Fotografie im ovalen Rahmen, Hamburg, o. J. [um 1860], aus dem Nachlass von Clara Schumann

Kat. 33: Johannes Brahms: *Sonate Fis moll für das Pianoforte* op. 2
»Frau Clara Schumann verehrend zugeeignet«
Erstdruck, Februar 1854, Leipzig, Breitkopf & Härtel, Titelseite

Kat. 34: Clara Schumann: *Drei Romanzen für Pianoforte* op. 21
»Johannes Brahms freundschaftlichst gewidmet«
Erstdruck, o. J. [1855], Breitkopf & Härtel, Leipzig, Titelseite

wenngleich auch diese Freundschaft durch das komplizierte Verhältnis zwischen Brahms und Heinrich von Herzogenberg großen Schwankungen unterworfen war.

Clara Schumann jedenfalls war der Unterschied zwischen ihr und der kinderlosen, betuchten Aristokratin durchaus bewusst. Neben den Konzertreisen, dem Unterrichten und den Kindern blieb ihr oft nicht viel Zeit, um sich ebenfalls intensiv mit den Manuskripten des alten Freundes auseinander zu setzen. Entschuldigend schreibt sie an Brahms, dass sie nicht Herr ihrer Zeit und ihrer Kräfte sei, »daß ich mich wie Frau v. Herzogenberg tagelang in so ein Werk hinein verbohre«. Und im Tagebuch klagt sie: »Ich habe nicht das Naturell der Herzogenbergs, die sich gleich Tagelang in ein Werk verbohren und keine Nerven haben, dann auch all ihre Zeit für sich, während ich die Vormittage Stunden habe und oft dann nachmittags abgespannt bin [...]«.

Zu den Frauen im Umkreis von Brahms gehören schließlich auch zahlreiche Künstlerinnen wie die beiden renommierten Sopranistinnen Marie Wilt (1833–1891, Kat. 42) und Louise Dustmann-Meyer (1831–1899, Kat. 43) sowie die eine Generation jüngere, ita-

Kat. 35: Rosalie Leser (1812/15–1896)
Daguerreotypie, um 1854, Robert-Schumann-Haus Zwickau

Kat. 36: Johannes Brahms: *Der Überläufer* **op. 48 Nr. 2**
Autograph, signiert und datiert, Schlussstrich auslaufend in: »Brahms«, dazu: »An Fräulein Rosalie Leser / zu freundlichem Gedenken / beim Abschied im Oktober 1855.«, Ankauf ermöglicht durch die Alfried Krupp von Bohlen und Halbach-Stiftung

Kat. 37:
Julie Schumann
(1845–1872)
Fotografie im Visitformat, Düsseldorf, o. J. [um 1865], aus dem Nachlass von Johannes Brahms

Kat. 38:
Clara Schumann
(1819–1896)
Fotografie im Visitformat, o. O., o. D. [um 1870], aus dem Nachlass von Johannes Brahms

Kat. 39: Agathe von Siebold (1835–1909)
Fotografie im Visitformat, Göttingen, o. J., aus dem Nachlass von Johannes Brahms

Kat. 40: Elisabeth von Herzogenberg (1847–1892)
Fotografie im Visitformat, Leipzig, o. J., aus dem Nachlass von Johannes Brahms

lienische Mezzosopranistin Alice Barbi (1862–1948), die sich häufiger mit Brahms in der Öffentlichkeit zeigte. Der Schnappschuss vom 18. April 1892 hat einen solchen Moment festgehalten: auf der Wiener Ringstraße gegenüber dem Imperial Hotel (Kat. 44). Zu Louise Dustmann hatte Brahms zeitweise einen sehr engen Kontakt, wie nicht zuletzt ein Brief von etwa 1866 aus unserer Sammlung zeigt: »Mein lieber Freund Hansi« lautet die intime Anrede der Sängerin, die beziehungsreich mit »Fidelio« unterzeichnet hat, also mit der Titelpartie der gleichnamigen Beethoven-Oper (vgl. S. 11, Abb. 4).

Kat. 41:
Unbekannte Dame
Fotografie im Visitformat, Wien, o. D., aus dem Nachlass von Johannes Brahms

Kat. 42:
Marie Wilt
(1833–1891)
Fotografie im Visitformat, Wien, o. J., aus dem Nachlass von Johannes Brahms

Kat. 43:
Louise Dustmann
(1831–1899)
Fotografie im Visitformat, Wien, o. J., aus dem Nachlass von Johannes Brahms

Kat. 44:
Johannes Brahms
(1833–1897) und
Alice Barbie
(1862–1948)
Fotografie im Visitformat, o. O. [Wien], 1892

Im Nachlass von Brahms haben sich zudem noch zwei Portraits einer unbekannten Frau erhalten, die wohl ebenfalls als Sängerin oder Musikerin zu identifizieren sein dürfte (Kat. 41). Auf der Rückseite einer der für damalige Verhältnisse durchaus lasziven Fotografien schrieb die Dame an Brahms (Kat. 31): »Ist das Original nicht vergessen u. wollen Sie eine alte Bekanntschaft erneuern, so finden Sie es: Wieden. in der 13, I Etage Thüre 4 […] Bester Gruß an Maestro Brahms«.

WOLFGANG SANDBERGER

Brahms und die Frauen 55

Widmungen – Variationen: Brahms, Reinthaler und Sinigaglia

»Geehrtester Herr. Ich erfahre soeben von Joachim, dass Sie im Besitz meines ›Deutschen Requiems‹ sind« – mit diesen Zeilen eröffnet Brahms am 2. Oktober 1867 seinen ersten Brief an Carl Reinthaler (1822–1896), Musikdirektor in Bremen. Bis 1893 sollte der rege Briefwechsel dauern, an dessen Anfang die gemeinsamen Überlegungen zu einer Aufführung des *Deutschen Requiems* im Bremer Dom stehen. Mit der Uraufführung am Karfreitag 1868 (noch ohne den fünften Satz) hatte Brahms den Durchbruch zum international anerkannten Komponisten geschafft. Die Fotografie der beiden Freunde stammt aus dieser Zeit (Kat. 45).

In den folgenden Jahren schickten beide sich ihre neuesten Kompositionen zur Beurteilung zu. Brahms gratulierte etwa zu der oratorisch angelegten Komposition *In der Wüste* (nach Psalm 63) op. 26, die am 2. März 1869 in Bremen aufgeführt wurde. Reinthaler widmete das Werk im Erstdruck seinem Freund (»Johannes Brahms freundschaftlich zugeeignet«, Kat. 46). Wenige Wochen später schrieb Brahms etwas kryptisch, er gratuliere Reinthaler zu einem anderen neuen Werk, das dieser »wohl mit mehr Lust und Liebe gearbeitet [habe] als die ›Wüste‹? Womit übrigens nichts gegen diese gesagt sein soll, aber es muß angenehm sein, seinem Schaffens- und Arbeitstrieb, seinem Formensinn – seinem liebevollen Herzen auf mehr als eine Art Ausdruck verleihen zu können.«

Offiziell hat sich Brahms mit keiner öffentlichen Widmung revanchiert, doch in einer etwas süffisant-hintersinnigen Formulierung widmete er das Autograph der ersten vier *Chorlieder* op. 62 dem Bremer Musikdirektor: »Seinem Freunde Carl Reinthaler (auf Verlangen!) J. Brahms.« Dieses Autograph, das zuletzt mit Hilfe der Possehl-Stiftung, der Kulturstiftung der Länder und der Kulturstiftung des Landes Schleswig-Holstein erworben werden konnte, gehört zu den besonderen Schätzen des Instituts (Kat. 47). Verlockend mag der Gedanke sein, es handele sich hier um einen eigens zusammengestellten kleinen Zyklus, vergleichbar etwa dem Klaus Groth gewidmeten autographen *Regenlied-Zyklus*, den Michael Struck aus aufgefunden Quellen in Heide rekonstruieren konnte. Zu schließen ist aus unserem Manuskript mit aller gebotenen Vorsicht zunächst aber nur dies: dass Brahms an jenem 6. April 1874 (Datierung der Quelle) die ersten vier Lieder als eine zusammenhängende Gruppe betrachtet haben muss. Vor der Drucklegung im September sandte er das Manuskript dann an Reinthaler, der die vier Sätze im Frühjahr 1875 in Bremen aufgeführt hat, wobei Brahms brieflich kommentierte: »Dein letztes Programm hatte ich schon gelesen. Das ›Spazieren‹ [gemeint ist das zweite Lied] lasse doch ein andermal ½ Ton tiefer singen – man kann sich doch die Soprane nicht aussuchen!«

Kat. 45: Johannes Brahms (1833–1897) und Carl Reinthaler (1822–1896)
Fotografie im Visitformat, Bremen, 1868

Substanziell basieren die Chorlieder auf einem intensiven Studium der alten Musik. Brahms kannte Werke von Palestrina, Heinrich Isaac, dem »preußischen Palestrina« Johannes Eccard, Vokalmusik von Hassler, Gesius, Prätorius und Schütz und er besorgte sich eine Abschrift von Georg Forsters *Ein außbund schöner Teutscher Liedlein* (1553–1560). Die im Subtilen verborgene Raffinesse der *Chorlieder* op. 62 wäre ohne dieses Studium der alten Meister nicht denkbar. Überlagert

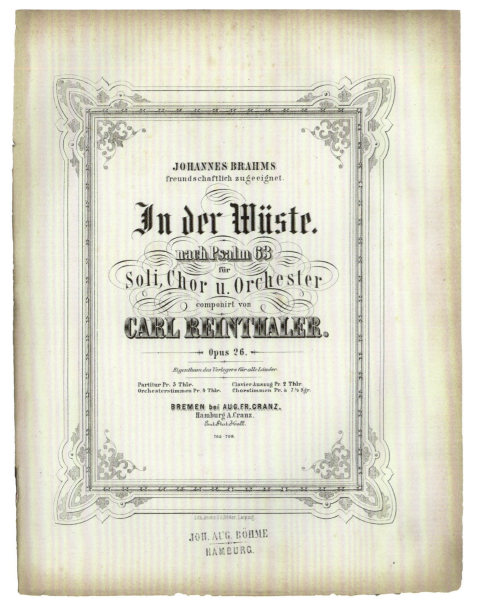

Kat. 46: Carl Reinthaler:
In der Wüste. nach Psalm 63 für Soli, Chor u. Orchester […] op. 26
»Johannes Brahms freundschaftlich zugeeignet«
Erstdruck, o. J. [1869], Bremen, Aug. Fr. Cranz, Titelseite

wird die kompositorische Arbeit von dem Volkslied-Ideal, das Brahms in der vielzitierten Äußerung gegenüber Clara Schumann vom Januar 1860 so nachhaltig gegen den »falschen Kurs« der damaligen Liedproduktion in Stellung gebracht hatte. Beides, die kompositorische Raffinesse im Detail sowie das Volkslied-Ideal mit seinen eher konventionellen Wendungen, Tonfällen und Melodietypen steht bei Brahms in diesem op. 62 in einem eigentümlichen Spannungsverhältnis.

Das konstruktive Moment eines Variationsverfahrens zeigt sich etwa in dem dritten Lied »Dein Herzlein mild«, das Brahms gleichsam aus einer einzigen Intervallkonstellation, nämlich einem Terz-Sekund-Modell entwickelt hat. Wahrscheinlich hat diese konstruktive Dichte den italienischen Komponisten Leone Sinigaglia (1868–1944) bewogen, dieses Brahms-Thema seinen 1902 erschienenen *Variationen für Streichquartett* op. 22 zu Grunde zu legen (Kat. 48).

Der in Turin geborene Leone Sinigaglia hatte in seinen Wiener Studienjahren (ab 1894 bei Eusebius Mandyczewski) Johannes Brahms noch persönlich kennen gelernt. In dieser frühen Zeit entstanden zahlreiche Lieder und das *Violinkonzert* op. 20. Die Brahms-Variationen für Streichquartett sind vor dem Hintergrund seiner engen Freundschaft zu dem legendären *Böhmischen Streichquartett* zu sehen. Seine jüdische Herkunft führte zu einem tragischen Ende: 1944 sollte der 75-jährige Sinigaglia von der Gestapo in Turin verhaftet und als Zwangsarbeiter nach Deutschland gebracht werden. Doch im Moment seiner Verhaftung erlitt er einen tödlichen Herzanfall.

WOLFGANG SANDBERGER

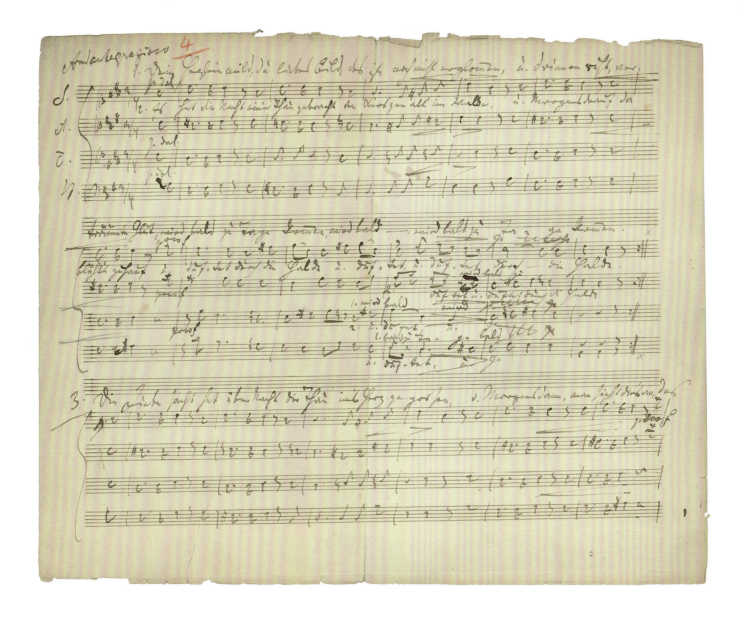

Kat. 47: Johannes Brahms: Sieben Lieder für gemischten Chor op. 62 (Nr. 1–4)
Autograph, datiert und signiert »Ostermontag [18]74, / J. Br.«, mit Widmung auf Seite 1 »Seinem Freunde / Carl Reinthaler / (auf Verlangen!) / J. Brahms.«
aufgeschlagen: Seite 9, Lied Nr. 4 »Dein Herzlein mild«
Ankauf ermöglicht durch die Kulturstiftung der Länder (Berlin), Kulturstiftung des Landes Schleswig-Holstein, Possehl-Stiftung

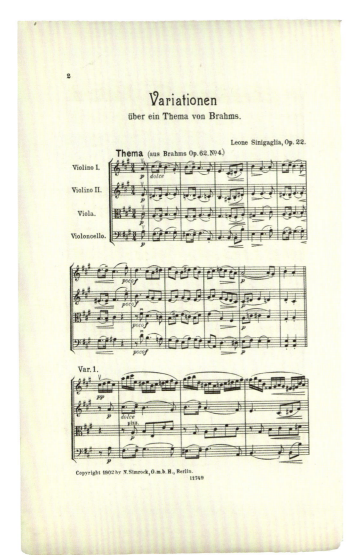
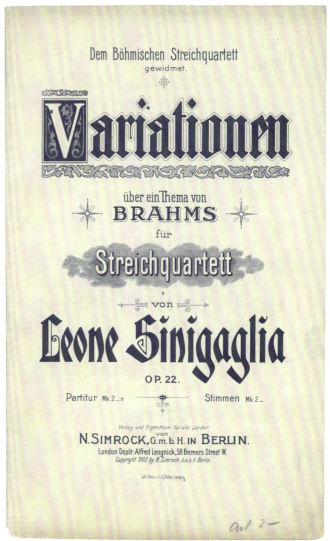

Kat. 48: Leone Sinigaglia: *Variationen über ein Thema von Brahms für Streichquartett* op. 22
Erstdruck, 1902, Berlin, N. Simrock, Seite 2 und Titelseite

»… frei von dem Widerwillen gegen alles Moderne«
Der Brahms-Freund Theodor Avé-Lallemant

Der Stadtmusikus Johann Jakob Brahms erkannte frühzeitig die Begabung seines Sohnes Johannes und übertrug die musikalische Ausbildung den seinerzeit namhaftesten Musiklehrern Hamburgs. Ersten Klavierunterricht erhielt Brahms bereits mit sieben Jahren bei Otto Willibald Cossel, der glücklicherweise eine von den Eltern geplante Wunderkind-Karriere in Amerika verhindern konnte. Später wechselte er zu Eduard Marxsen, der schwerpunktmäßig Unterricht in Komposition und Musiktheorie erteilte. Er machte seinen Schüler mit den Werken der Wiener Klassiker vertraut. Brahms blieb Marxsen zeitlebens freundschaftlich verbunden und widmete »seinem theuren Freunde und Lehrer« 1882 das zweite *Klavierkonzert* op. 83. Zwei Jahre später bedankte sich Marxsen bei seinem »lieben Johannes Brahms« mit der Zueignung der *100 Veränderungen über ein Volkslied für Pianoforte*.

Als ›Dritter im Bunde‹ förderte der Hamburger Musikpädagoge, Musikkritiker und Musikschriftsteller Theodor Avé-Lallemant (1806–1890) das Talent des Knaben und trug wesentlich zu seiner literarisch-musikalischen Allgemeinbildung bei (Kat. 49). Avé besaß eine erstklassig ausgestattete Bibliothek, die Brahms jederzeit offen stand. Der Lernbegierige nahm oft Bücher und Notenausgaben mit nach Hause, um dort die mitgebrachten Schätze in Ruhe zu studieren. Avé fühlte sich auch mit dem Ehepaar Schumann freundschaftlich verbunden. Clara logierte gern in seinem Hause, wenn sie als Pianistin in Hamburg auftrat. Peter Tschaikowsky widmete diesem »guten alten Herrn« seine fünfte Sinfonie, die am 15. März 1889 in der Elbmetropole erklang. Der Russe schätzte an Avé, dass er »die Musik leidenschaftlich liebt und von dem bei alten Menschen oft zu beobachtenden Widerwillen gegen alles Moderne vollkommen frei ist.«

Im Herbst 2001 konnte das Brahms-Institut mit großzügiger Hilfe verschiedener Stiftungen einen großen Teil des Familienarchivs Avé-Lallemant erwerben, das wesentlich aus Stücken des Nachlasses von Theodor Avé-Lallemant besteht. Neben etwa 80 Briefen, darunter fünf Schreiben von Johannes Brahms und zahlreiche Schriftstücke seiner Freunde Joseph Joachim, Julius Stockhausen und Clara Schumann (Kat. 52), werden hier wertvolle Musikmanuskripte aufbewahrt: von Brahms die Motette *Es ist das Heil uns kommen her* op. 29 Nr. 1 und der Kanon *Töne, lindernder Klang* WoO 28 (Kat. 54), einige Lieder und Klaviermusik von Clara Schumann, von Robert Schumann das Lied *Blume der Ergebung* op. 83 Nr. 2 und – als Glanzstück – die sechs Impromptus für Klavier zu vier Händen *Bilder aus Osten* op. 66.

»Musikduette werden leicht Herzensduette und die Unterhaltung und Sprache der verwandten Seelen; dann haben sie ihren schönsten Werth. Das vierhändige Clavierspiel bleibt doch der schönste erste Genuß.« Noch spürbar berauscht vom Nachklang eines bis in die späte Nacht ausgedehnten Treffens mit einem befreundeten Pianisten schrieb Robert Schumann (Kat. 51) diese Zeilen in sein Tagebuch – und erinnert damit an die Bedeutung, die das vierhändige Klavierspiel im 19. Jahrhundert hatte. Eines der bekanntesten originalen Werke für diese Besetzung sind Schumanns 1848 komponierte *Bilder aus Osten*. Das Arbeitsmanuskript (Kat. 53) ist am rechten Rand der ersten Seite mit einer Widmung Claras an Theodor Avé-Lallemant versehen: »Original-Schrift Robert Schumanns, Herrn / Avé-Lallemant in herzlicher Freundschaft / Clara Schumann. / Berlin März [18]58.« Der Hinweis auf die »herzliche Freundschaft« ist mehr als nur eine Floskel. Avé wurde von Schumanns Nachlass-Verwalterin Clara nicht nur mit einem Einzelblatt bedacht, sondern erhielt – wie sonst nur Freunde vom Range eines Brahms oder Joachim – ein vollständiges Schumann-Autograph als Geschenk.

1862/63 scheiterte Avé mit seinem Versuch, Brahms (Kat. 50) den Direktorenposten der Philharmonischen Konzerte in Hamburg zu verschaffen oder ihn zumindest als Chormeister der Singakademie durchzusetzen. Obwohl sich der Komponist nie offen um diese Stellen beworben hatte, verletzte ihn tief, dass Julius Stockhausen ihm vorgezogen worden war. Im Herbst 1862 verließ Brahms Hamburg und nahm das Angebot an, Chormeister der Wiener Singakademie zu

Kat. 49: Theodor Avé-Lallemant (1806–1890)
Fotografie im Visitformat, Hamburg, o. J., aus dem Nachlass von Johannes Brahms

Kat. 50: Johannes Brahms (1833–1897)
Fotografie im Visitformat, Hamburg, 1862

werden. Der Vorgang belastete seine Freundschaft zu Avé jahrelang empfindlich. Man darf annehmen, dass Brahms seinem Gönner das Kanonblatt *Töne, lindernder Klang* (Kat. 54) kurz vor dem Umzug nach Wien geschenkt hat und das Blatt mit dem eben skizzierten Sachverhalt in Verbindung zu bringen ist. Immerhin konnte sich Brahms mit dem Knebelschen Text, der von Schmerz und Leid spricht, durchaus identifizieren – und natürlich mit den »Tönen«, die zum täglichen Handwerkszeug eines Komponisten gehören.

Das einstimmig notierte Blatt ist für vier gemischte Stimmen gedacht und gibt Hinweise zur Besetzung und zum Einsatzabstand. Der Zusatz »Andante (per tonos a 4.)« bezeichnet das Vortragstempo, nennt die Zahl der Stimmen und bezieht sich auf den Intervallabstand ihrer Einsätze: Dieser ist so zu wählen, dass im Verlauf des Kanons alle zwölf Stufen der chromatischen Leiter einbezogen werden, die Stimmen

also nacheinander »durch die Töne« (per tonos) wandern. Die korrekte Ausführung lässt sich leicht mit Hilfe eines anderen Blattes überprüfen, auf das Brahms *Töne, lindernder Klang* in Partiturform notiert hat (Kat. 55.).

Avé berichtet in seinen 1878 veröffentlichten *Rückerinnerungen eines alten Musikanten* ausführlich über die Philharmonischen Konzerte in Hamburg. Dabei äußert er sich auch schwärmerisch zu Brahms und schildert ihn als »meisterhaften« Interpreten: »Am glücklichsten fühlt er sich im engen Kreis seiner Freunde. Wenn er sich dann zum Clavier gezogen fühlt, wie lauschen da Alle dem, was er so meisterhaft in kaum geahnter Art und Weise hervorzaubert. So, denke ich mir, muss Beethoven gespielt haben.«

STEFAN WEYMAR

Kat. 51:
Robert Schumann
(1810–1856)
Fotografie im Kabinettformat nach einem Gemälde von Carl Jäger, Bruckmanns Porträt-Kollektion Nr. 158, München, o. J., aus dem Nachlass von Johannes Brahms

Kat. 52:
Clara Schumann
(1819–1896)
Fotografie im Kabinettformat, London, 1888

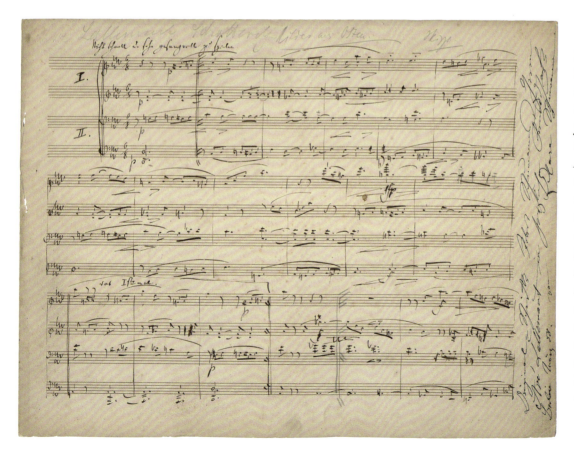

Kat. 53:
Robert Schumann:
Bilder aus Osten. Sechs Impromptus für Klavier zu vier Händen op. 66
Autograph (Arbeitsmanuskript), Seite 1 mit Widmung Clara Schumanns an Theodor Avé-Lallemant am Rand, Familienarchiv Avé-Lallemant, Ankauf ermöglicht durch die Kulturstiftung der Länder, Kulturstiftung des Landes Schleswig-Holstein und Possehl-Stiftung

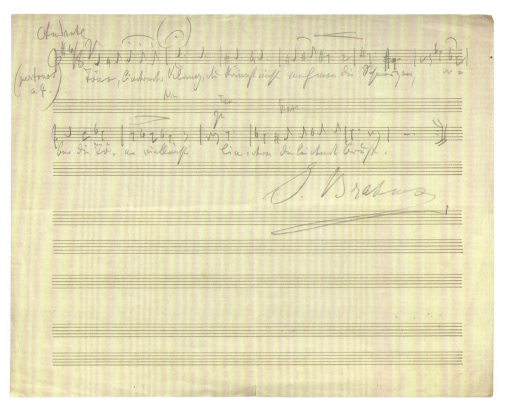

Kat. 54: Johannes Brahms: Kanonblatt *Töne, lindernder Klang* WoO 28
Autograph (Reinschrift), o. O. [Hamburg], o. D. [um 1863], signiert »J. Brahms.«, Familienarchiv Avé-Lallemant, Ankauf ermöglicht durch die Kulturstiftung der Länder, Kulturstiftung des Landes Schleswig-Holstein und Possehl-Stiftung

Kat. 55: Johannes Brahms: Kanonblatt *Töne, lindernder Klang* WoO 28
Autograph der Partitur (Reinschrift), o. O., o. D. [April 1856], aus dem Nachlass von Theodor Kirchner

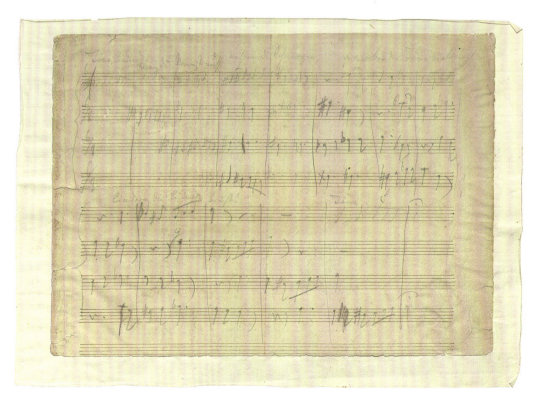

»… eine neue große Straße ins ferne Land der Poesie«
Die Brahms-Freunde Hans von Bülow und Klaus Groth

Eigentlich war der Dirigent und Pianist Hans von Bülow (1830–1894) ein glühender Wagner- und Lisztverehrer, bevor er begann, sich für das Werk von Johannes Brahms zu interessieren. Dieser ›Lagerwechsel‹ hatte nicht nur musikalische Gründe, sondern hing eng mit einer persönlichen Verletzung zusammen: Liszts Tochter Cosima, die Bülows Ehefrau gewesen war, hatte diesen verlassen, um Richard Wagner zu heiraten. Darunter habe Bülow stark gelitten, wie Brahms seinem Biographen Max Kalbeck anvertraute: »Seine ehelichen Erlebnisse haben ihn unglücklich gemacht. Aber auch das Verhältnis zu Liszt. Für den hat er die größte Pietät gehabt, aus seinen Kompositionen zu machen gesucht, was sich machen ließ; kam aber allmählich doch dahinter, dass eigentlich gar nichts daran ist.«

Bereits 1854 fand bei Joseph Joachim in Hannover die erste Begegnung zwischen Bülow und Brahms statt. Sogleich setzte Bülow einen Satz aus dessen *Klaviersonate* op. 1 auf sein Hamburger Programm. Als 1860 Joachim und Brahms jedoch in ihrer *Erklärung* gegen die künstlerischen Ziele der *Neudeutschen Schule* polemisierten, wurde Bülow zunächst zum entschiedenen Brahms-Gegner. Die Einstudierung der ersten und zweiten Sinfonie (1877 und 1879) führte dann zu dauerhafter Wertschätzung, die Meininger Zusammenarbeit ab 1882 schließlich zu einer engen künstlerischen Freundschaft, die das Berliner Doppelportrait von 1889 eindrucksvoll mit Schulterschluss und paralleler Blickrichtung zelebriert (Kat. 56).

Als Leiter der Meininger Hofkapelle begründete Bülow eine umfangreiche Gastspieltätigkeit und machte Brahms' Sinfonien und Konzerte in mustergültigen Aufführungen europaweit bekannt. Als Dank bekam er zum 60. Geburtstag das Autograph der dritten *Sinfonie* op. 90 geschenkt. Bereits ein Jahr zuvor, 1889, hatte Brahms dem Freund seine dritte *Violinsonate* op. 108 ganz offiziell im Druck zugeeignet. Nach Bach und Beethoven galt Brahms in Bülows Vorstellung als das dritte große »B« der Musikgeschichte. Anlässlich des 59. Niederrheinischen Musikfestes 1882 in Aachen schenkte Bülow dem Dirigenten und Brahms-Freund Franz Wüllner als Andenken sein musikalisches ›Glaubensbekenntnis‹, das er auf einem Briefdoppelblatt mit dem lithographierten Brustbild von Brahms notierte: »Ich glaube an Bach den Vater / Beethoven den Sohn und [ein Federstrich weist auf den gedruckten Namen] Dr. Johannes Brahms / den heiligen Geist / Amen!« (Kat. 58).

Bülow war der erste moderne Orchestererzieher überhaupt. Der oftmals karikierte Übermensch im Frack, mit Monokel und herrischen Gesten, konnte aufgrund seines phänomenalen Gedächtnisses auswendig dirigieren. Als Interpret betonte er in erster Linie die analytisch-strukturelle Seite der Musik, weniger ihre Emotionalität und Klangsinnlichkeit. Auf dem Podium wusste Bülow sich und das Kunstwerk wirkungsvoll in Szene zu setzen. Die scharfzüngigen Bonmots seiner Ansprachen an das Publikum machen noch heute die Runde. Er zog schwarze Handschuhe an, um den Trauermarsch aus Beethovens *Eroica* zu dirigieren, die ›Neunte‹ setzte er an einem Abend gleich zweimal auf das Programm. Die Statuette eines unbekannten Künstlers, der sein Werk nur mit dem Monogramm »MS.« signierte, zeigt den Dirigenten auf seinem Podest in konzentrierter Aktion und gibt seine charakteristischen Züge – das ovale Gesicht, die hohe Stirn, das Spitzbärtchen – lebensnah wieder (Kat. 57).

Ein starkes Heimatgefühl verband Brahms mit dem holsteinischen Dichter Klaus Groth (1819–1899), der in Heide in der gleichen Straße aufgewachsen war wie sein Vater. Auf dem 34. Niederrheinischen Musikfest in Düsseldorf hatten sie sich 1856 kennen gelernt. Ihr Briefwechsel, der im Februar 1868 beginnt, umfasst einen Zeitraum von mehr als 28 Jahren und war nicht immer ungetrübt. Groths *Erinnerungen* an Brahms vermitteln, neben biografischen Details, tiefe Einblicke in die unterschiedliche Wesensart der beiden Künstler.

Höchstes Glück empfand der Verfasser des *Quickborn*, der das Plattdeutsche zur Literatursprache erhob, wenn Brahms seine Gedichte in Musik setzte: »Ein Lied von Dir zu meinem Text ist mir immer ein Orden pour le mérite.« Schon

Kat. 56: Hans von Bülow (1830–1894) und Johannes Brahms (1833–1897)
Fotografie im Kabinettformat, Berlin, 1889

1859 hatte der Komponist einige plattdeutsche Gedichte vertont, diese aber nicht veröffentlicht. Seit 1872 entstanden dann etwa 15 Lieder nach Groth-Gedichten in hochdeutscher Sprache. Einige von ihnen, etwa das *Regenlied* op. 59 Nr. 3, *Dein blaues Auge* op. 59 Nr. 8, *Wie Melodien zieht es mir* op. 105 Nr. 1 oder *Heimweh II* (»O wüßt ich doch den Weg zurück«), gehören zu den bekanntesten aus Brahms' Feder. Eigens für den Dichter stellte er aus seinen *Liedern und Gesängen* op. 59 einen kleinen Groth-Zyklus zusammen, den der Musikforscher Hans Rheinfurth Anfang der 90er Jahre in Heide entdeckt und der Kieler Brahms-Spezialist Michael Struck anschließend ausgewertet hat: Die beiden Regengesänge (*Regenlied* und *Nachklang*) bilden hier den Rahmen für die Binnenlieder *Dein blaues Auge* und *Mein wundes Herz*.

Auch Groths Frau Doris, die sehr musikalisch war und eine Gesangsausbildung erhalten hatte, begeisterte sich für Brahms' Liedkompositionen, die das Ehepaar gern miteinander musizierte. »Geistig sind Sie täglich bei uns«, versicherte der Dichter seinem Freund. Es vergehe kaum ein Tag, an dem nicht »von seinen Liedern« gesungen werde. »Sie haben unser Haus jahrelang erfüllt wie die Nachtigall den Garten«, schrieb er ihm 1876 und Doris schwärmte: »Brahms' Lieder sind die Krone der Pyramide Beethoven, Schubert, Schumann.«

Obwohl Groth die Musik des Freundes sehr schätzte, fand er meist nur langsam und schwer einen Zugang. So schrieb er mit Blick auf die *Magelone*-Romanzen op. 33: »Ich hörte meine Frau oft ein und dasselbe Lied zehn, zwanzig, fünfzigmal allmählich üben. Sie ließ nicht nach und ich nicht, und allmählich drang es durch, zuletzt bis zum Entzücken. Ich erfand […] dafür den Ausdruck, den ich oft gegen andere gebraucht habe: ›Zuerst geht es in die Wildnis, man erkennt nichts, dann merkt man, es ist ein Fußpfad, endlich erstaunt man: es ist ja eine neue große Straße ins ferne Land der Poesie.‹«

Zwei Exponate dokumentieren eindrucksvoll die Wertschätzung, die Groth Johannes Brahms als Künstler und Freund entgegengebracht hat: Ein Lichtdruck (Kat. 59), der aus dem Nachlass des Komponisten stammt und mit »1889« datiert ist, zeigt den Dichter vor seinem Kieler Haus im Schwanenweg. Groth fügte folgende Widmung hinzu: »*Min Port / Johannes Brahms mit herzlichem Gruß: / ›Komm bald!‹*«. Eine weitere Kostbarkeit findet sich im Stammbuch von Joseph Joachims Tochter Elisabeth (Kat. 60). Hier notierte Groth zu »Mittsommer 1897« – noch unter dem Eindruck des Todes von Brahms – einen anrührenden Nachruf in Gedichtform: »*Nun sieht und hört man ihn nimmermehr! / Wo nehmen wir Worte des Schmerzes her? / Einer der Großen im deutschen Lied, / Einer der Besten und Treusten schied – / Alle die Schätze, die er uns gab / – Ach, unsern Freund ziehn sie nicht / aus dem Grab.*«

STEFAN WEYMAR

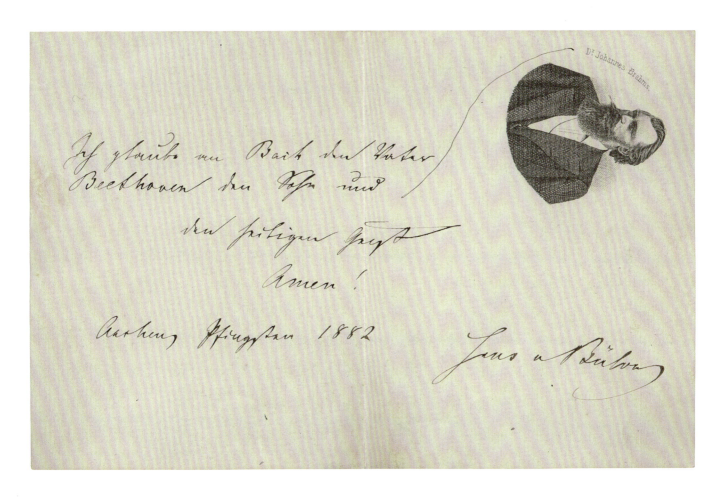

Kat. 58: Hans von Bülow: Glaubensbekenntnis
Albumblatt, signiert u. datiert (»Aachen, Pfingsten 1882 / Hans v Bülow«); das Notat lautet: »Ich glaube an Bach den Vater / Beethoven den Sohn und / den heiligen Geist [eine geschwungene Linie weist auf ›Dr. Johannes Brahms‹ und das gedruckte Brahms-Portrait] / Amen!«

Kat. 57: Hans von Bülow beim Dirigieren
elfenbeinfarbene Statuette, signiert und datiert (»MS. 1892«), Höhe: 31 cm, aus dem Nachlass von Julius Spengel

Kat. 59: Klaus Groth (1819–1899)
Lichtdruck, Groth am Zaun seines Kieler Haus im Schwanenweg, mit egh. Widmung (»Min Port / Johannes Brahms mit herzlichem Gruß: / ›Komm bald!‹ / Klaus Groth«) , datiert (»1889«), aus dem Nachlass von Johannes Brahms

Kat. 60: Stammbuch von Elisabeth Joachim

aufgeschlagen: Nachruf Groths auf Brahms in Gedichtform, datiert »Mittsommer 1897«, mit dem Hinweis (»Johannes Brahms' vielleicht letzte geschriebene Worte:«) auf die Unterschrift des Komponisten gegenüber, mit der er sich am »11. Febr.[uar] 97.«, nur wenige Wochen vor seinem Tod, eintrug.

Literaturverzeichnis

Appel, Bernhard R.: *Robert Schumann: Bilder aus Osten. Sechs Impromptus für Klavier zu vier Händen, op. 66, Arbeitsmanuskript*, in: *Musikhandschriften und Briefe aus dem Familienarchiv Avé-Lallemant*, hg. von der Kulturstiftung der Länder in Verbindung mit dem Brahms-Institut an der Musikhochschule Lübeck, (Patrimonia 197), Lübeck 2001, S. 25–32.

Beuerle, Hans Michael: *Johannes Brahms – Untersuchungen zu den A-capella-Kompositionen. Ein Beitrag zur Geschichte der Chormusik*, Hamburg 1987.

Borchard, Beatrix: *Stimme und Geige: Amalie und Joseph Joachim, Biographie und Interpretationsgeschichte*, Wien [u. a.] 2005.

Brachmann, Jan: *»Ins Ungewisse hinauf…«. Johannes Brahms und Max Klinger im Zwiespalt von Kunst und Kommunikation*, Kassel 1999.

Ders.: *Johannes Brahms und Max Klinger – eine Kunstfreundschaft*, in: *Brahms-Studien* 15 (2008), S. 69–88.

Brahms-Handbuch, hg. von Wolfgang Sandberger, Stuttgart [u. a.] 2009.

Brahms, Johannes: *Vier Lieder nach Gedichten von Klaus Groth – »Regenlied«-Zyklus (Erstausgabe): Frühfassungen aus »Lieder und Gesänge« Opus 59*. Nach der Geschenkabschrift für Klaus und Doris Groth hg. von Michael Struck, München 1997.

Brahms-Phantasien. Johannes Brahms – Bildwelt, Musik, Leben. 18. September bis 26. Oktober 1983. Katalog der Kunsthalle zu Kiel der Christian-Albrechts-Universität, Kiel 1983.

Briefwechsel I/II = *Johannes Brahms im Briefwechsel mit Heinrich und Elisabet von Herzogenberg*, 2 Bde., vierte, durchgesehene Auflage, hg. von Max Kalbeck, Berlin 1921.

Briefwechsel III = *Johannes Brahms im Briefwechsel mit Karl Reinthaler, Max Bruch, Hermann Deiters, Friedrich Heimsoeth, Karl Reinecke, Ernst Rudorff, Bernhard und Luise Scholz*, hg. von Wilhelm Altmann, Berlin 1912.

Briefwechsel V = *Johannes Brahms im Briefwechsel mit Joseph Joachim. Erster Band*, dritte, durchgesehene und vermehrte Auflage, hg. von Andreas Moser, Berlin 1921.

Briefwechsel IX/X = *Johannes Brahms[,] Briefe an P.[eter] J.[oseph] Simrock und Fritz Simrock*, 2 Bde., hg. von Max Kalbeck, Berlin 1917.

Brinkmann, Reinhold: *Zeitgenossen. Brahms und die Maler Feuerbach, Böcklin, Klinger und Menzel*, in: *Johannes Brahms. Quellen – Text – Rezeption – Interpretation*. Internationaler Brahms-Kongreß Hamburg 1997, München 1999, S. 71–96.

Clara Schumann – Johannes Brahms. Briefe aus den Jahren 1853–1896, zwei Bände, hg. von Berthold Litzmann, Leipzig 1927.

Clive, Peter: *Brahms and his world. A biographical dictionary*, Lanham, Maryland [u. a.] 2006.

»Cui dono lepidum novum bellum?« Dedicating latin works and motets in the sixteenth century, (Supplementa Humanistica Lovaniensia, XXIII), hg. von Ignace Bossuyt [u. a.], Leuven 2008.

Draheim, Joachim: Vorwort zu *Johannes Brahms und seine Freunde. Werke für Klavier*, (Edition Breitkopf 8303), Wiesbaden 1983.

Eine Liebe. Max Klinger und die Folgen, Ausstellung in der Hamburger Kunsthalle 12. Oktober 2007 – 13. Januar 2008, 2. überarb. Aufl., Bielefeld [u. a.] 2007.

Esche-Braunfels, Sigrid: *Adolf von Hildebrand*, Berlin 1993.

Geiringer, Karl: *On Brahms and his circle. Essays and documentary studies*. Revised and enlarged by George S. Bozarth. With a foreword by Walter Frisch, Sterling Heights, Michigan, 2006.

Genette, Gérard: *Paratexte*, Frankfurt am Main [u. a.] 1989.

Haas, Frithjof: *Hans von Bülow. Leben und Wirken*, Wilhelmshaven 2002.

Hanslick, Eduard: *Aus dem Tagebuch eines Musikers*, Berlin 1892.

Heuberger, Richard: *Erinnerungen an Johannes Brahms. Tagebuchnotizen aus den Jahren 1875 bis 1897*, erstmals vollständig hg. von Kurt Hofmann, Tutzing 1971.

Hinrichsen, Hans-Joachim: *Späte Versöhnung. Die Violinsonate op. 108 und ihre Widmung an Hans von Bülow*, in: *Spätphase(n)?*, S. 129–140.

Hofmann, Kurt: *Ein Brahms-Denkmal für Hamburg? Zur Geschichte des Modells von Reinhold Felderhoff*, in: *Brahms-Studien* 13 (2002), S. 117–128.

Hofmann, Kurt und Renate: *Johannes Brahms als Pianist und Dirigent. Chronologie seines Wirkens als Interpret*, (Veröffentlichungen des Archivs der Gesellschaft der Musikfreunde in Wien ; Bd. 6), Tutzing 2006.

Dies.: *Frauen um Johannes Brahms, von einer Freundin im Adressen-Buch des Komponisten vermerkt. Eine erste Bestandsaufnahme*, in: *Festschrift Rudolf Elvers zum 60. Geburtstag*, hg. von Ernst Herttrich und Hans Schneider, Tutzing 1985, S. 257–270.

Huschke, Konrad: *Frauen um Brahms*, Karlsruhe 1936.

»…in meinen Tönen spreche ich.« Für Johannes Brahms 1833-1897, Katalog zur Ausstellung *»…in meinen Tönen spreche ich.« Für Johannes Brahms 1833-1897* im Museum für Kunst und Gewerbe Hamburg, 5. September – 2. November 1997, Hamburg 1997.

Jenner, Gustav: *Johannes Brahms als Mensch, Lehrer und Künstler. Studien und Erlebnisse*, Marburg 1905.

Johannes Brahms – Klaus Groth. Briefe der Freundschaft, neu herausgegeben von Dieter Lohmeier, Heide [u. a.] 1997.

Kalbeck, Max: *Johannes Brahms*, Band I–IV, unveränderter Nachdruck der Ausgabe letzter Hand, Tutzing 1976.

Kersten, Ursula: *Max Klinger und die Musik*, 2 Teile, Frankfurt am Main [u. a.] 1993.

Klinger, Max: *Malerei und Zeichnung*, Leipzig 1891.

Lamb, Andrew: *Brahms and Johann Strauss*, in: *Musical Times* 116 (Oktober 1975), S. 869–871.

Langner, Martin-M.: *Brahms und seine schleswig-holsteinischen Dichter Klaus Groth, Friedrich Hebbel, Detlev von Liliencron, Theodor Storm, Johann Heinrich Voss*, hg. von der Brahms-Gesellschaft Schleswig-Holstein, [Heide] 1990.

Leyen, Rudolf von der: *Johannes Brahms als Mensch und Freund. Nach persönlichen Erinnerungen*, Düsseldorf [u. a.] 1905.

Lütteken, Laurenz: *Brahms – eine bürgerliche Biographie?*, in: *Brahms-Handbuch*, S. 24–43.

Max Klinger (1857–1920). Wege zum Gesamtkunstwerk, Roemer- und Pelizaeus-Museum Hildesheim 4.8.–4.11.1984, Mainz am Rhein 1984.

Mayer-Pasinski, Karin: *Max Klingers Brahms-Phantasie*, Frankfurt am Main 1981.

McCorkle, Margit L.: *Johannes Brahms. Thematisch-bibliographisches Werkverzeichnis*, München 1984.

Moser, Andreas: *Joseph Joachim. Ein Lebensbild*, 2 Bände, Berlin 1908/1910.

Musik und Musikforschung. Johannes Brahms im Dialog mit der Geschichte. Eine Veröffentlichung des Brahms-Instituts an der Musikhochschule Lübeck, hg. von Wolfgang Sandberger und Christiane Wiesenfeldt, Kassel [u. a.] 2007.

Musikaliensammlung Klaus und Doris Groth im Klaus-Groth-Museum Heide, bearb. von Hans Rheinfurth, hg. von der Klaus-Groth-Gesellschaft, Heide in Holstein, in Verbindung mit der Schleswig-Holsteinischen

Landesbibliothek, Kiel, Heide in Holstein 1995

Refardt, Edgar: *Hans Huber. Leben und Werk eines Schweizer Musikers*, Zürich 1944.

Reich, Nancy B.: *Clara Schumann. Romantik als Schicksal. Eine Biographie*, Reinbek bei Hamburg 1991.

Remmert, Volker: *Widmung, Welterklärung und Wissenschaftslegitimierung*, Wiesbaden 2006.

Russell, Peter: *Johannes Brahms and Klaus Groth. The biography of a friendship*, Hampshire [u. a.] 2006.

Sandberger, Wolfgang: *Denkmäler, Bilder, Perspektiven: Brahms als Figur des kollektiven Gedächtnisses*. Festvortrag zur Einweihung der Brahms-Büste in der Walhalla bei Donaustauf, in: *Literatur in Bayern*, hg. von Dietz-Rüdiger Moser und Marianne Sammer, München 2000, S. 2–11.

Ders. (Hg.): Katalog zur Ausstellung »Ich schwelge in Mozart…« – Mozart im Spiegel von Brahms, (Veröffentlichungen des Brahms-Instituts an der Musikhochschule Lübeck ; Band III), Lübeck 2006.

Ders.: *»Musikwissenschaft und Musik«. Johannes Brahms im Dialog mit Philipp Spitta*, in: *Musik und Musikforschung*, S. 9–36.

Ders.: *Bilder, Denkmäler, Konstruktionen – Johannes Brahms als Figur des kollektiven Gedächtnisses*, in: *Die Tonkunst* 2 (2008), S. 145–157.

Ders./Weymar, Stefan: Katalog zur Ausstellung »Johannes Brahms – Ikone der bürgerlichen Lebenswelt?«, (Veröffentlichungen des Brahms-Instituts an der Musikhochschule Lübeck ; Band IV), Lübeck 2008.

Ders./Wiesenfeldt, Christiane: *Brahms-Briefwechsel-Verzeichnis (BBV): chronologisch-systematisches Verzeichnis sämtlicher Briefe von und an Johannes Brahms*, gefördert von der Deutschen Forschungsgemeinschaft unter Mitarbeit von Fabian Bergener, Peter Schmitz und Andreas Hund, www.brahms-institut.de, 2010.

Ders.: *Brahms in seiner Lebenswelt*, in: *Brahms-Handbuch*, S. 44–62.

Schmidt, Christian Martin: *Reclams Musikführer Johannes Brahms*, Stuttgart 1994.

Schramm, Gabriele: *Widmung, Leser und Drama. Untersuchungen zu Form und Funktionswandel der Buchwidmung im 17. und 18. Jahrhundert*, Hamburg 2003.

Schumann, Robert: *Tagebücher*, 3 Bde., hg. von Georg Eismann und Gerd Nauhaus, Neuauflage, Basel [u. a.] 1988.

Schwarz-Roosmann, Oliver: *Carl Martin Reinthaler. Lebensweg eines Bremer Musikdirektors*, (Musikwissenschaft ; Bd. 8), Münster [u. a.] 2003

Spätphase(n)? Johannes Brahms' Werke der 1880er und 1890er Jahre, Internationales musikwissenschaftliches Symposion Meiningen 2008. Eine Veröffentlichung des Brahms-Instituts an der Musikhochschule Lübeck und der Meininger Museen, hg. von Maren Goltz, Wolfgang Sandberger und Christiane Wiesenfeldt, München 2010.

Struck, Michael: *Brahms und Groth: Ein »wunderbar schöner« Liederzyklus – Perspektiven einer Wiederentdeckung*, in: *Jahresgabe* 1995, im Auftrage der Klaus-Groth-Gesellschaft hrsg. von Ulf Bichel in Verbindung mit Reimer Bull und Erich Scheller (= Bd. 37), Heide in Holstein 1995, S. 39–46.

Wagner, Richard: *Sämtliche Briefe*, Bd. 15: *Briefe des Jahres 1863*, hg. von Andreas Mielke, redaktionelle Mitarbeit Isabel Kraft, Wiesbaden 2005.

Webb, Paul: *Algernon Ashton 1859–1937*, in: British Music 14 (1992), S. 26–34.

Weymar, Stefan: *Johannes Brahms: Töne, lindernder Klang, Kanon für vier Stimmen, WoO 28, Autograph (Erstfassung)*, in: *Musikhandschriften und Briefe aus dem Familienarchiv Avé-Lallemant*, hg. von der Kulturstiftung der Länder in Verbindung mit dem Brahms-Institut an der Musikhochschule Lübeck, (Patrimonia 197), Lübeck 2001, S. 45–52.

Widmann, Joseph Viktor: *Erinnerungen an Johannes Brahms*, Zürich [u. a.] 1980.

Winkler, Gerhard: *Max Klinger*, Leipzig 1984.

Würzl, Eberhard: *Johannes und Johann: Kritisches zur Beziehung zwischen Brahms und Strauß*, in: Musikerziehung 41/5 (Juni 1988), S. 207–213.

Ziegler, Ralph Philipp: *Alexander Friedrich Landgraf von Hessen. Leben und Werk eines Komponisten zwischen Romantik und Moderne*, (Studien zur hessischen Musikgeschichte; Band 6), Kassel 2001.

Zur Diskussion gestellt: der Bildhauer Arno Breker, Ausstellung im Schleswig-Holstein-Haus, 22. Juli bis 22. Oktober 2006, [Katalog] hg. von Rudolf Conrades im Auftrag der Landeshauptstadt Schwerin, 2. Aufl., Schwerin 2006.

Personenregister

Das Register verzeichnet alle im Katalog erwähnten Personen. Brahms ist ausgenommen, da er nahezu auf jeder Seite vorkommt. Kursiv gesetzte Seitenzahlen verweisen auf Abbildungen.

A

Allgeyer, Julius 13
Anna, Prinzessin von Hessen 12
Arndt, Joachim 7
Ashton, Algernon 45
Avé-Lallement, Theodor 60, 61, *61*
Avenarius, Ferdinand 20

B

Bach, Johann Sebastian 13, 64, 67
Barbi, Alice 11, 54, 55
Becker, Henrike 7
Beckerath, Rudolf von 11
Beethoven, Ludwig van 11, 20, 24, 36, 38, 46, 54, 61, 64, 65, *67*
Begas, Reinhold 34
Berlioz, Hector 38
Billroth, Theodor 11
Böcklin, Arnold 20, 22, 47
Bomholt, Markus 7
Brahms, Johann Jakob 60
Breker, Arnold 9, *35*, 36
Brösicke, Mathias 7, 8
Bruch, Max 10
Bruckner, Anton 10, 12, 36
Brüll, Ignaz 11
Bülow, Cosima s. Wagner, Cosima
Bülow, Hans von 10, 11, 13, 34, 64, *65*, 67
Burchard, Johann Heinrich 24
Busch, Wilhelm 51

C

Chrysander, Friedrich 12
Conrat, Ilse 9
Cossel, Otto Friedrich Willibald 60

D

David, Ferdinand 47
Dessoff, Otto 11, 12, *16*, 17
Dietrich, Albert 10, 12
Dobjansky, Anna von 17
Donato, Girolamo 14
Dustmann (-Meyer), Louise 11, *11*, 53, 54, 55
Dvořák, Antonín 10, 15, 17

E

Eccard, Johannes 56
Engelmann, Theodor 11

F

Faber, Arthur 11
Faber, Bertha 11
Felderhoff, Reinhold 9, 34, 36, *36*
Fellinger, Maria 11
Fellinger, Richard 11
Feuerbach, Anselm 11
Forster, Georg 56
Frank, Ernst 11
Friedrich I., Großherzog von Baden 14
Friedrich, Paul 20
Fuchs, Robert 16

G

Georg II., Herzog von Sachsen-Meiningen 34
Gesius, Bartholomeus 56
Goethe, Johann Wolfgang von 20, 51
Goetz, Hermann 7, 17
Grädener, Carl Georg Peter 11
Grieg, Edvard 46
Grimm, Julius Otto 10, 12, 17, 51

Groth, Doris 65
Groth, Klaus 11, 56, 64, 65, *68*, *69*

H

Hammes, Andrea 7
Händel, Georg Friedrich 36
Hanslick, Eduard 11
Hassler, Hans Leo 56
Haydn, Joseph 38
Heine, Heinrich 16, 47
Herzogenberg, Elisabeth von [geb. Stockhausen] 11, 13, 34, 38, 52, 53, *54*
Herzogenberg, Heinrich von 11, 12, 53
Hildebrand, Adolf von 9, 34, *34*
Hitler, Adolf 36
Hofmann, Heinrich 17, 39, *44*
Holbein, Franz von 10
Hölderlin, Friedrich 22, 23
Huber, Hans 7, 46, 47, *50*

I

Isaac, Heinrich 56

J

Jäger, Carl *62*
Joachim, Elisabeth 65, *69*
Joachim, Joseph 7, 10–12, 17, 34, 38, 39, *38–41*, 42, 51, 56, 60, 64, 65

K

Kalbeck, Max 13, 14, 64
Kirchner, Theodor 7, 11, 12, *63*
Klenze, Leo von 36
Klinger, Max 9–13, *13*, 19–24, *20–22*, *25–33*, 34, 36
Knobloch, Milan 9, *35*, 36
Küchler, Rudolf 9
Kühn, Paul 20

L

Leser, Rosalie 51, *53*
Levi, Hermann 11
Leyen, Rudolf von der 11
Liszt, Franz 10, 15, 20, 36, 38, 64

M

Mahler, Gustav 10, 36
Mandyczewski, Eusebius 12, 57
Mann, Thomas 7, 10
Marxsen, Eduard 60
Meyer-Graefe, Julius 20
Miller zu Aichholz, Eugen von 36
Miller zu Aichholz, Viktor von 11
Mozart, Wolfgang Amadeus 7, 34, 38

N

Nottebohm, Gustav 12

P

Palestrina, Giovanni Pierluigi da 56
Petersen, Carl Heinrich 12
Petrucci, Ottaviano 14
Pohl, Carl Ferdinand 12
Prätorius, Michael [Pseud. für Michael Schultheiß] 56
Puchtler, Wilhelm 15

R

Raff, Joachim 47
Reger, Max 7, 20
Reinecke, Carl 7, 47
Reinthaler, Carl 7, 11, 12, 15, 56, *56–58*
Reményi, Eduard 38
Rheinfurth, Hans 65
Richter, Hans 11
Richter, Harald 21
Rieter, Melchior 11
Rodin, Auguste 24, 36
Rudorff, Ernst 11, 12

S

Sandberger, Wolfgang 7, 36
Schadow, Johann Gottfried 36
Scheffler, Karl 20
Scherliess, Volker 34
Scholz, Bernhard 11
Schubert, Franz 38, 65
Schumann, Clara [geb. Wieck] 7, 10–13, 21, 47, 51–53, *52*, *54*, 57, 60, *62*
Schumann, Eugenie 10
Schumann, Julie 52, *54*
Schumann, Paul 24
Schumann, Robert 10, 12, 13, 15, 20, 21, 47, 51, 52, 60, *62*, 65
Schütz, Heinrich 56
Sibelius, Jean 46
Siebold, Agathe von 51, *54*
Simrock, Fritz 11, 13, 15–17, 21, 38, 46
Sinigaglia, Leone 56, 57, *59*
Spengel, Julius 10, 11, *36*, *67*
Spitta, Philipp 12, 13
Stanford, Charles Villiers 7
Stockhausen, Julius 7, 11, *15*, 16, 60
Strauss, Alice 46
Strauß, Johann 7, 10, *10*, 11, 46, *46*, *47*, *49*
Strauss, Richard 20
Struck, Michael 56, 65

T

Tilgner, Viktor 9
Tschaikowsky, Peter I. 60

W

Wagner, Cosima 64
Wagner, Richard 10, 14, 20, 36, 64
Wallfisch, J. H. 17, 39, *43*
Wendt, Gustav 12
Weymar, Stefan 7
Weyr, Rudolf 24
Widmann, Joseph Viktor 9, 11
Wilczek, Lucietta, Gräfin 46, *47*
Wilhelm I., deutscher Kaiser 12, 14
Wilt, Marie 11, 53, *55*
Winkler, Gerhard 24
Wüllner, Franz 64

Z

Zehetmair, Hans 36

Werden Sie Mitglied im Verein zur Förderung des Brahms-Instituts Lübeck e.V.

Der Förderverein des Brahms-Instituts wurde 1992 gegründet. Unter seinen Mitgliedern im In- und Ausland sind Fachwissenschaftler, Musiker und Musikliebhaber. Die durch Mitgliedsbeiträge und Spenden aufgebrachten Mittel werden in erster Linie für Ankäufe von Musikautographen, Stichvorlagen, Abschriften, Briefe und Fotos verwendet. Vorsitzender des Vereins ist Heiko Hoffmann, Minister a.D.

Kontakt:
Verein zur Förderung
des Brahms-Instituts Lübeck e.V.
z. Hd. Helga Hesselbarth
Jerusalemsberg 4
23568 Lübeck
Telefon: +49 (0)451/1505-418 und -414
E-Mail: foederverein.brahms-institut@mh-luebeck.de

Bankverbindung:
Sparkasse zu Lübeck
BLZ 230 501 01
Konto-Nr. 1 017 276

Als Veröffentlichungen des
Brahms-Instituts an der Musikhochschule Lübeck
sind erschienen:

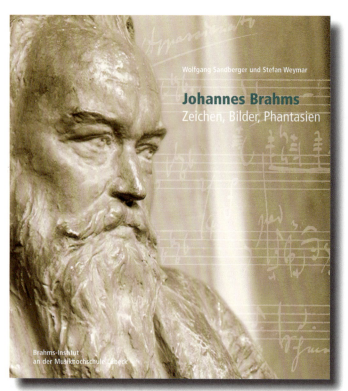

Band I
Wolfgang Sandberger und Stefan Weymar:
Johannes Brahms – Zeichen, Bilder, Phantasien,
Lübeck 2004. Ausstellungskatalog, 108 Seiten,
mit zahlreichen farbigen Abbildungen, gebunden,
Format 22,5 x 24,5 cm. ISBN 978-3-86916-150-1

Band II
Wolfgang Sandberger (Hg.):
Julius Spengel – Ein Brahms-Freund zwischen Identifikation
und Emanzipation. Zusammengestelllt und verfasst von
Christiane Wiesenfeldt, Lübeck 2005. 104 Seiten, gebunden,
Format 22,5 x 24,5 cm. ISBN 978-3-86916-151-8

Als Veröffentlichungen des
Brahms-Instituts an der Musikhochschule Lübeck
sind erschienen:

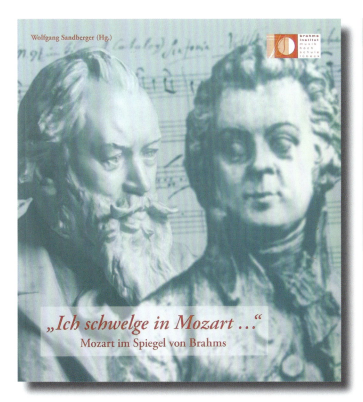

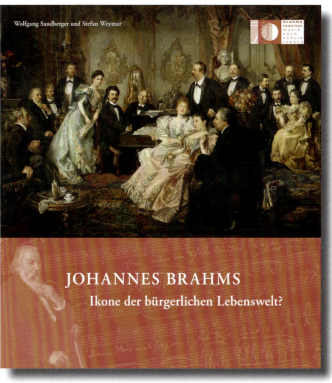

Band III
Wolfgang Sandberger (Hg.):
»Ich schwelge in Mozart ...« – Mozart im Spiegel von
Brahms, Lübeck 2006. Ausstellungskatalog, 96 Seiten,
gebunden, Format 22,5 x 24,5 cm. ISBN 978-3-86916-152-5

Band IV
Wolfgang Sandberger und Stefan Weymar:
Johannes Brahms – Ikone der bürgerlichen Lebenswelt?,
Lübeck 2008. Ausstellungskatalog, 116 Seiten, gebunden,
Format 22,5 x 24,5 cm. ISBN 978-3-86916-153-2

www.brahms-institut.de